もくじ

6 … 付属 CD-ROM の使い方

10月

食育だより

8-9 …
- 栄養バランスを考えて食べよう！
- 骨を丈夫にしましょう
- ポトフの話

10-11 …
- 生活習慣病を予防しよう
- 目と健康と栄養
- 秋の味覚

12-13 …
- 新米の季節です！
- 秋の味覚をかみしめよう！〜かむことの4大効果〜
- 豆腐とちくわのてんぷら（鳥取県）

Be Healthy（中学・高等学校向け）

14 … ・お肉やあぶらものが多くなってない？ ティーンの食生活イエローカード

15 … ・生活習慣病を予防しよう！

イラスト・カット

16 … ・タイトルイラスト

17-21 … ・カラーイラスト

22 … ・カラーイラスト（中学・高等学校向け）
配ぜんや片づけをしっかりしよう！

11月

食育だより

24-25 …
- お米の大変身を知ろう！
- ご飯を主食にした「日本型の食事」で栄養バランスのとれた食事を
- 11月23日は勤労感謝の日です。作る人に感謝の気持ちを伝えよう！

26-27 …
- 「ありがとう」を伝えよう！
- 食べ方、過ごし方に気をつけて健康的な生活リズムをつくろう
- 赤米入りさけご飯

28-29 …
- バランスよく食べよう〜食事の基本形〜
- いつもありがとう！
- ごぼうのつくね焼き

Be Healthy（中学・高等学校向け）

30 … ・「ありがとう」の気持ちを伝えよう

31 … ・感謝して食べよう！

イラスト・カット

32 … ・タイトルイラスト

33-37 … ・カラーイラスト

38 … ・カラーイラスト（中学・高等学校向け）
世界の和食を知ろう！

12月

食育だより

- 40-41 ・かぜをひかないようにね！
  - ・知っていますか12月の食文化
  - ・旬の食べ物（タラ）
- 42-43 ・寒さをふきとばす冬の食事とは？
  - ・12月は野菜で体の中も大そうじ！
  - ・しょうがご飯
- 44-45 ・手洗いは簡単でとても有効な予防法 〜かぜ・インフルエンザ・ノロウイルス対策〜
  - ・かぜ予防のための食生活のポイント
  - ・おでんぶ（徳島県）

Be Healthy（中学・高等学校向け）

- 46 ・根性つくかも！根菜類
- 47 ・かぜの最強の予防法！手洗い・保温・栄養・休養
  - ・体にやさしい夜食とは？

イラスト・カット

- 48 ・タイトルイラスト
- 49-53 ・カラーイラスト
- 54 ・カラーイラスト（中学・高等学校向け）
  かぜ・インフルエンザ・ノロウイルス予防！いただきますの前の手洗いをしっかりしよう！

1月

食育だより

- 56-57 ・感謝して食べよう －1月24日〜30日は「全国学校給食週間」です－
  - ・知っていますか1月の食文化
  - ・かぜに負けない食事
- 58-59 ・全国学校給食週間です！－1月24日〜30日－
  - ・1月のさまざまな行事と行事食
  - ・はくさいと鶏肉のあんかけ丼
- 60-61 ・給食の記念日を祝おう！〜全国学校給食週間〜
  - ・鏡開き
  - ・あおさのみそ汁（三重県）

Be Healthy（中学・高等学校向け）

- 62 ・行事食を楽しもう！
- 63 ・全国学校給食週間です！

イラスト・カット

- 64 ・タイトルイラスト
- 65-69 ・カラーイラスト
- 70 ・カラーイラスト（中学・高等学校向け）
  学校給食の7つの目標

2月

食育だより
- 72-73 ···
  - 日本の食事のよさを知ろう！
  - 豆と大豆製品
  - 福は内、鬼は外！
- 74-75 ···
  - 節分です！大豆のひみつ
  - 美しい食べ方で食べよう！
  - ゼリーフライ（埼玉県）
- 76-77 ···
  - 豆まきの豆、大豆を知ろう
  - 偏食と好き嫌い
  - さんが焼き（千葉県）

Be Healthy（中学・高等学校向け）
- 78 ··· 受験勉強をがんばる3年生へ
- 79 ··· 試験対策食育マル秘大作戦！

イラスト・カット
- 80 ··· タイトルイラスト
- 81-85 ··· カラーイラスト
- 86 ··· カラーイラスト（中学・高等学校向け）
  - いろいろな豆

3月

食育だより
- 88-89 ···
  - 1年間の給食をふり返ってみよう！
  - 知っていますか3月の食文化
  - 1年間ありがとうございました
- 90-91 ···
  - 今日は何を食べた？
  - ひな祭り、うんちくばなし
  - えびマヨポテトの包み揚げ
- 92-93 ···
  - おいしく食べることは健康の基本 ～舌の健康に気をつけましょう～
  - 7つの健康習慣
  - だぶ（福岡県）

Be Healthy（中学・高等学校向け）
- 94 ··· 1年間の食生活をふり返ろう！
- 95 ··· あなたの食育達成度チェック！

イラスト・カット
- 96 ··· タイトルイラスト
- 97-101 ··· カラーイラスト
- 102 ··· カラーイラスト（中学・高等学校向け）
  - 丈夫な骨をつくり、体調も整える 食べよう海そう！
  - 春です！

都道府県（西日本）
※各都道府県名の前の数字は総務省による都道府県番号です。
※東日本は『もっとたよれる食育だよりイラスト資料集 春夏編』に掲載
- 104 ··· 25. 滋賀県，26. 京都府，27. 大阪府，28. 兵庫県，29. 奈良県，30. 和歌山県
- 105 ··· 31. 鳥取県，32. 島根県，33. 岡山県，34. 広島県，35. 山口県，36. 徳島県
- 106 ··· 37. 香川県，38. 愛媛県，39. 高知県，40. 福岡県，41. 佐賀県，42. 長崎県
- 107 ··· 43. 熊本県，44. 大分県，45. 宮崎県，46. 鹿児島県，47. 沖縄県，日本

付録 CD-ROM の使い方

※付録 CD-ROM をパソコンで使用される前に、必ずご一読ください。

● CD-ROM データ構成

収録データ

付属のCD-ROMをパソコンに読み込み、開くと、月ごとのファイルが出てきます。

10月のフォルダの中身

月ごとのファイルの中には、ページごとのデータが入っています。

◎各月ごとのフォルダ内に下記のデータが収録されています。
- 「食育だより」3つ、それぞれルビなし・ルビ有、カラー・白黒の4種類
- 「Be Healthy」（中高生向け）2つ、それぞれカラー・白黒
- 「カラーイラスト」、「カラーイラスト（中高）」

◎「都道府県」フォルダの中には総務省による都道府県番号25～47番まで収録。都道府県番号1～24番は『もっとたよれる食育だよりイラスト資料集 春夏編』に収録されています。

● 使い方いろいろ

貼り付けて自在にレイアウト

ご自身が作成した文書に貼り付け

テキストデータを自由に書き換える

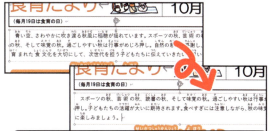

テキストデータで収録している部分は、自在に文章を変更できます。

（※画像として収録した一部のテキストは変更できません）

■ご使用にあたって

　付録 CD-ROM に収録した画像データは、学校での掲示資料の製作など非営利の場合のみ使用できます。ただし、下記の「禁止事項」に該当する行為を禁じます。また画像データの著作権、使用許諾の権利はイラストレーターと株式会社 健学社が有するものとします。

【禁止事項】
- 付録CD-ROMに含まれている画像データを分離、複製、加工して、独立の取引対象として頒布（貸与、販売、賃貸、無償配布など）したり、インターネットのホームページなどを利用して頒布することは営利、非営利を問わず禁止いたします。本品の販売の妨げとなるような行為はおやめください。
- 公序良俗に反する目的での使用や名誉毀損、そのほか法律に反する使用はできません。
- 以上いずれかに違反された場合、株式会社 健学社はいつでも使用の差し止めを求め、損害に応じて法的対抗措置をとります。

【免責】
- 弊社は本製品に関していかなる保証も行いません。本製品の製造上の物理的な欠陥につきましては、良品との交換以外の要求には応じられません。
- 本製品を使用した場合に発生した如何なる障害および事故等について、弊社は一切責任を負わないものとさせていただきます。また付録CD-ROMを音楽再生専用のCDプレーヤーで使用すると故障の原因となります。絶対に使用しないでください。

　なお、本製品の動作は以下の環境で確認しています。
- OS:Windows10以降
- ワード（.docx）Microsoft Office2019、Microsoft office 365

　付録CD-ROMが入った袋を開封した場合には、上記内容を承諾したものと判断いたします。

10月

食育だより 10月号

（毎月19日は食育の日）　　　学校

秋もたけなわです。天候に恵まれ、過ごしやすい10月は学校でもさまざまな行事が行われます。勉強にスポーツに、そして芸術に、子どもたちの活躍が大いに期待されます。食の分野ではなんといっても実りの秋です。食べすぎには注意しながら、秋の味覚を存分に楽しみましょう。

栄養バランスを考えて食べよう！

私たちは食べることで生きるために必要な物質（栄養素）を体内にとり入れています。食べ物にはさまざまな栄養素が含まれていますが、体内でのはたらきの違いで大きく3つのグループに分けることができます。3つのグループの食品がつねに食事の中にかたよりなく入っているように注意することで、食事の栄養バランスを整えることができます。

おもにエネルギーになる		おもに体をつくるもとになる		おもに体の調子を整える	
炭水化物（糖質）	脂質	たんぱく質	無機質（ミネラル）（カルシウム・鉄など）	ビタミンA（カロテン）	ビタミンCなど
米、パン、めん類、いも類など	油、バター、マヨネーズなど	魚、肉、卵、大豆製品など	牛乳、乳製品、小魚、海そうなど	色のこい野菜	その他の野菜、きのこ類、くだもの

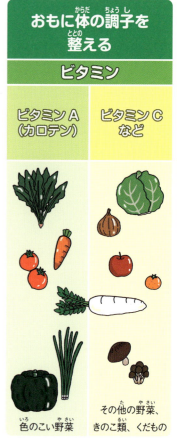

骨を丈夫にしましょう

10月

みなさんの体の中には、一体いくつくらいの骨があると思いますか？ 人によって多少違いますが、ふつう206個だそうです。骨は私たちの体を支えてくれるほか、血液を作る工場の役目も果たし、また体にとって大切なカルシウムを蓄える貯蔵庫にもなっています。

●丈夫な骨を作るポイント

| 適度な運動をする | バランスのよい食事をする | よく寝る |

体を動かして骨に刺激が加わると、骨の中のセンサーがはたらき、骨の成長が促されることが知られています。

カルシウムばかりではなく、たんぱく質やビタミンC、そして日が短くなる冬にはビタミンDも食事から十分にとる必要があります。

骨の成長は成長ホルモンによって調整されます。成長ホルモンは夜、ぐっすり眠っているときによく分泌されることが知られています。

ポトフの話

「ポトフ」はフランス語で「火にかけたなべ」という意味で、「ポ・トォ・フゥ」と発音するのが近いようです。肉やソーセージと大きく切った、にんじん、たまねぎ、かぶ、セロリなどの野菜をコトコトじっくり煮込んで作る料理です。味付けは塩とこしょうだけを使うのが普通で、食べるときにマスタードを添えたりします。とろとろになった野菜が体も心も温めてくれます。

食育だより  10月号

（毎月19日は食育の日）　　　　　　　　　　　　　　　学校

　青い空、さわやかに吹き渡る秋風に稲穂が揺れています。スポーツの秋、芸術の秋、読書の秋、そして味覚の秋。過ごしやすい秋は行事がめじろ押し。自然の恵みに感謝し、地域に育まれた食文化を大切にして、次世代を担う子どもたちに伝えていきたいと思います。

生活習慣病を予防しよう

　生活習慣病は日頃の生活習慣の乱れが積み重なることが遠因といわれます。昔は「成人病」といわれ、大人に多い病気とされていましたが、最近では子どもが発症する例も増えています。生活習慣病には心臓病や脳卒中、高血圧症、がん、糖尿病などがあります。またむし歯や歯周病といった歯の病気も歯みがきをしなかったり、食べ方に問題があるなどといった生活習慣がもとで起こります。子どもの頃からしっかり気をつけて生活していくことが大切です。

食生活のチェック！

- □ 朝、昼、夕の3食をしっかり食べていますか？
- □ いろいろな食品を好き嫌いなく毎日食べていますか？
- □ 肉だけでなく魚もしっかり食べていますか？
- □ しょうゆ、ソース、塩など調味料を使いすぎていませんか？
- □ 甘いものをとりすぎていませんか？
- □ 食後の歯みがきはしっかりしていますか？

運動のチェック！

- □ 学校で元気に体を動かしていますか？
- □ 休みの日もしっかり体を動かしていますか？
- □ テレビやゲームの時間は決めていますか？

休養のチェック！

- □ 早寝、早起きを心がけていますか？
- □ 睡眠時間は十分にとれていますか？
- □ つらいことやいやなことがあったとき、話を聞いてもらえる人がいますか？

目の健康と栄養

ビタミンA

ビタミンAは目の健康に欠かせず、不足すると夜盲症になることもあります。にんじんやかぼちゃには体内で必要に応じてビタミンAとなるβカロテンが豊富。油で調理すると吸収率が高まります。

ビタミンB群

ビタミンB₁は豚肉やさばに多く含まれています。ビタミンB₂は納豆、卵、まいたけ、カレイなどに多く含まれています。どちらも、目の健康や疲労回復に役立つといわれています。

ビタミンC、E

ビタミンCは、かき、ピーマン、ブロッコリーなどの野菜やくだものに多く、ビタミンEはかぼちゃやアボカド、赤ピーマン、アーモンド、さけに多く含まれます。目の健康にもよいとされます。

ルテイン

野菜などの色のもとになる物質で、最近注目が集まるファイトケミカルの1つです。目の健康に役立つことが期待されています。ほうれん草、ブロッコリー、かぼちゃなどに含まれています。

作ってみませんか

秋の味覚コロッケ

今が旬のさといもを使ったコロッケです。れんこんも入っています。さといもには独特のぬめりがありますが、このぬめりは食物せんいで、胃や腸の粘膜を保護し、血圧やコレステロールを下げるはたらきもあります。ご家庭でも煮物だけでなく、コロッケやグラタンなどいろいろな料理に使ってみてください。

材料　1人分

さといも	42g
じゃがいも	33g
れんこん	13g
塩	0.3g
こしょう	少々
たまねぎ	13g
豚ひき肉	10g
サラダ油	0.5g
スキムミルク	3g
小麦粉	7g
卵	8g
生パン粉	4g
乾パン粉	4g
揚げ油	適量

作り方
① さといも、じゃがいもを一口大に切り、蒸して粗くつぶす。
② なべに油をひいて熱し、豚ひき肉、粗みじんにしたれんこん、たまねぎを炒め、塩、こしょうを入れる。
③ ①②とスキムミルクを混ぜ合わせる。
④ 丸く成形して、小麦粉、溶き卵、パン粉の順に衣をつける。
⑤ 油で揚げる。

食育だより 10月号

（毎月19日は食育の日） 学校

澄みきった秋空が広がる季節になりました。「芸術の秋」「スポーツの秋」「読書の秋」など秋はいろいろなことにじっくり取り組むことのできる季節です。そして「味覚の秋」ともいわれるように、旬のさつまいも、くり、きのこなどおいしい食べ物がたくさんあります。実りの秋に感謝して、おいしい秋の味覚を楽しみましょう。

新米の季節です！

おいしいご飯を食べよう！

米は水から炊くことで、私たちの主食のご飯となります。日本人の食生活には欠くことのできない食品です。米には体や脳のエネルギー源となる炭水化物が多く、さらにたんぱく質や脂質、亜鉛などの無機質（ミネラル）、ビタミンB₁も含んでいます。

ご飯、こんなところがにじゅうまる◎！

◎粒なのでよくかむ習慣がつく！	◎ゆっくり消化・吸収される！	◎量のわりにはヘルシー！	◎どんな料理にもよく合う！

粉にして食べる小麦と異なり、自然によくかんで食べるよい習慣が身につきます。	米の周りは硬い細胞壁で囲まれているため、消化吸収がゆるやか。太りすぎや糖尿病の予防にも役立ちます。	お米に水分をたっぷり吸収させて炊くので、ご飯は、量のわりにはカロリーの低い食品です。	和洋中、またエスニック料理にもよく合い、日本の食文化をとても豊かにしています。

秋の味覚をかみしめよう！〜かむことの4大効果〜

10月

消化を助ける！
よくかむことで食べ物が小さくなります。さらに消化を助けるはたらきをもつだ液とよく混ざることで、胃や腸で栄養がスムーズに吸収されます。

太りすぎを防ぐ！
よくかむことで脳が刺激され、満腹感を感じやすくなります。食べすぎを防ぐことができます。

脳のはたらきを高める！
よくかむことで脳への血流がよくなり、脳の各部位が刺激されます。記憶力や集中力が高まるほか、リラックス効果もあります。

むし歯を予防する！
よくかむことで口の中をきれいに保ち、歯を丈夫にするだ液がよく出ます。食後の歯みがきも忘れずにしっかり行いましょう。

作ってみませんか

鳥取県の郷土料理です。砂丘で有名な鳥取県は、日本海に面して東西に長く、豊かな自然にも恵まれています。「豆腐ちくわ」は、江戸時代、時の藩主が庶民に質素倹約を奨励したことから、高価だった魚のすり身の代わりに豆腐を入れてちくわを作ったのが始まりといわれます。独特の食感があり、色が白くて食べると大豆の香りがします。

豆腐ちくわのてんぷら

材料　1人分

豆腐ちくわ	1/2本
小麦粉	4g
卵	3g
塩	0.2g
水	適量
揚げ油	適量

作り方
① 豆腐ちくわは食べやすい大きさに切る。
② 卵、小麦粉、塩、水を合わせて衣を作る。
③ ①に②の衣をつけて油で揚げ、てんぷらにする。

中・高等学校向け　10月

お肉やあぶらものが多くなってない？
ティーンの食生活イエローカード

「栄養バランス」という言葉を聞いたことがありますか。栄養バランスのとれた食事をするためには、毎日さまざまな食品を組み合わせて食べる必要があります。その目安として、家庭科で学習する「6つの基礎食品群」があります。

みなさんによく見当たる、ちょっと問題の多い食生活を例にあげてみました。日頃の生活の中でこんなふうになっていないか、チェックしてみましょう。

●おかずばっかり食べる！

ご飯などの主食は、毎食きちんと食べましょう。体や脳をはたらかせるための大切なエネルギー源になります。とくに運動をする人はしっかり量を食べられるようにしておきましょう。

●部活の後や塾の前にコンビニで菓子＆ジュースの買い食い！

スナック菓子には脂質が多く、ジュースや炭酸飲料には、糖類が多く含まれています。間食で食べすぎたり、飲みすぎると、その後のごはんが食べられなくなり、栄養の偏りの原因になります。

●よく見ると、おかずは茶色一色！

おかずが油を使った揚げ物や炒め物ばかり、そして材料も肉ばかりになっていませんか。緑、黄緑、赤、など、おかずの彩りにも注意して食べるように心がけるだけで栄養バランスはかなりよくなります。

●魚や野菜は大嫌い！

魚には良質なたんぱく質のほか、体によいはたらきをする脂質栄養（n-3系不飽和脂肪酸）が多く含まれています。野菜はいわずもがなですが、ビタミン、無機質（ミネラル）、そして食物繊維の宝庫です。

中・高等学校向け　10月

生活習慣病を予防しよう!

　厚生労働省研究班が高校生を対象に行った研究で、高校生の4割強が高血圧や高中性脂肪、高血糖など、将来、生活習慣病につながりやすい状態であることがわかりました。これを受け『高校生の生活習慣病予防の提言』がまとめられています。中学生のみなさんも、この機会にぜひ自分の食生活をふり返ってみましょう。

●運動する習慣をつけよう!
運動部でない人は、休日に60分以上、運動しましょう!

●テレビやゲームから離れよう!
平日は1日50分以内、休日は100分以内に。テレビを見たり、ゲームをする時間と生活習慣病のリスク発生に関係が見られるそうです。

●朝食を毎日とろう!
朝食を食べない生徒ほど、内臓肥満になりやすいという結果も出ています。

●おなか周りが80センチを超えたら要注意!
高校生での基準ですが、参考にしてみましょう。肥満が疑われる場合は、医療機関に相談しましょう。

●食物繊維を積極的にとろう!
野菜や海藻、きのこなど食物繊維を多く含む食べ物を積極的にとろう。

●やせすぎにも注意しよう!
成長期に体重が増えるのはふつうです。無理なダイエットをすると必要な栄養がとれなくなり、将来の健康に害を及ぼすこともあります。

＊「幼児期・思春期における生活習慣病の概念,自然史,診断基準の確立及び効果的介入方法に関するコホート研究」班、『思春期(高校生)の生活習慣病予防に関する提言―ガイドライン策定に向けて―』より。2009年

タイトルイラスト

10月

"給食だより"も収録されています

カラーイラスト

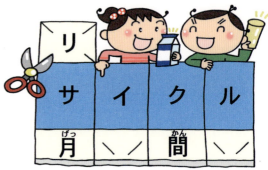

みのりの秋

あとかたづけをしっかり！

ひろげようリサイクル！

おやつのSOS

Sugar さとう　　**Oil** あぶら　　**Salt** しお

生活習慣病を防ごう

運動　　食事　　休養

体育の日

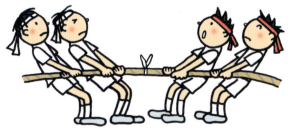

ハロウィーン

配ぜんや片づけをしっかりしよう！

- 食べ物や汁が残っていないかな？
- 種類ごとにきれいに重ねたかな？
- はしやスプーンは向きをそろえたかな？
- 残したものは決められた容器に入れたかな？

さんま

さつまいも

寒露

ハロウィーン

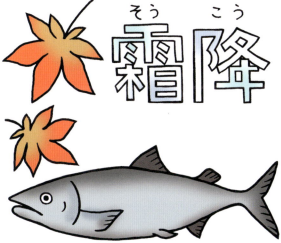

カラーイラスト（中学・高等学校向け）

配ぜんや片づけをしっかりしよう！

食べ物や汁(しる)は残っていませんか？

食器の種類ごとにかごにきれいに重ねて返しましたか？

はしやスプーンは向きをそろえましたか？

残したものは決められたルールできちんと戻(もど)しましたか？

広げよう リサイクル！
減らそう 食品ロス！

ハロウィーン

11月

食育だより  11月号

（毎月19日は食育の日）　　　　　　　　　　　　　学校

　1年で一番食べ物がおいしい時季…それは新米が出る今頃だという人が多くいます。「米」は日本人が長い間主食として親しんできた穀物です。そしてお米を炊いて作るご飯は、和洋中どんな料理にもよく合い、水だけで炊くのでとてもヘルシーです。最近は、その栄養バランスのよさから、このご飯を中心にした「日本型の食事」が世界でも注目を集めるようになりました。

お米の大変身を知ろう！

　日本人はお米を使って古くからさまざまな食品を生み出してきました。どのくらいご存じですか。お子さんといっしょにお米の大変身を探してみましょう。

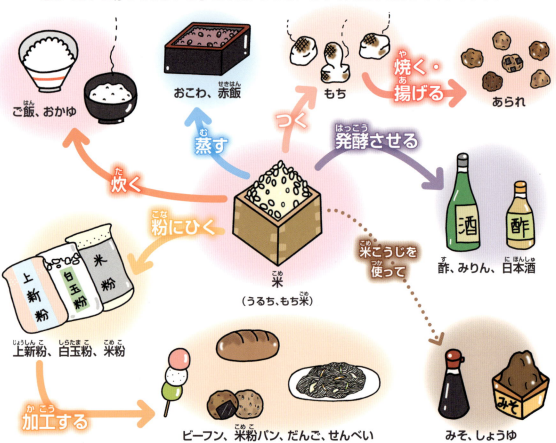

ご飯を主食にした「日本型の食事」で
栄養バランスのとれた食事を

　米と日本人の歴史は古く、米を炊いたご飯は日本の食卓に欠かせない主食です。しかし戦後、食の洋風化が進み、肉や卵などの畜産物、油脂類などの消費が増加してきました。
　また主食をほとんど食べずに、おかずだけでおなかを満たすような人も多く見かけるようになりました。

11月

栄養バランスの変化

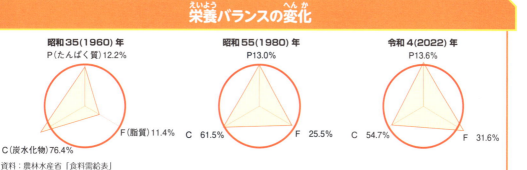

昭和35(1960)年　P(たんぱく質)12.2%　F(脂質)11.4%　C(炭水化物)76.4%
昭和55(1980)年　P13.0%　C 61.5%　F 25.5%
令和4(2022)年　P13.6%　C 54.7%　F 31.6%

資料：農林水産省「食料需給表」
注：適正比率は、食料・農業・農村計画における平成22年度の目標値P(たんぱく質)13%、F(脂質)27%、C(炭水化物)60%とした。

　図のように、昭和50（1975～）年代の中頃、日本人の3大栄養素（PFC）の熱量バランスはほぼ適切で、主食である米を中心に水産物や畜産物、野菜といった多様な副食品からなる「日本型食生活」が形作られていたことがわかります。新米が出回るこの時季、いろいろな料理に合い、食塩も含まず、望ましい栄養バランスの要になっているご飯の役割をもう一度見直してみましょう。

11月23日は勤労感謝の日です。
作る人に感謝の気持ちを伝えよう！

　給食が滞りなく作られ、みなさんのところに届くまでには、じつにたくさんの人たちがかかわっています。食べ物を育てたり、とったりする生産者、食品に加工してくれる製造者、物資を運ぶ流通・運搬業者の方、そして献立を考える栄養教諭や学校栄養士、調理をする調理員さんといった人たちが力を合わせることで給食が出来上がります。さらに、みなさんの健康を願い、いつも気を配っている保護者の方、そして学校の先生方のことも忘れてはいけません。これらの人たちのご苦労や思いを心にとめ、よく味わって食べましょう。

食育だより  11月号

（毎月19日は食育の日） 学校

　秋も深まり、菊の花や紅葉が目を楽しませてくれる季節となりました。新米、肉、魚、野菜、きのこ、くだものなどもいっそうおいしさを増す時季です。冬の訪れに備えて、豊富な食材をバランスよく取り入れた食事で寒さに負けない体づくりをしましょう。

「ありがとう」を伝えよう！

　11月23日は「勤労感謝の日」です。給食を例にとっても、毎日の給食を滞りなく行うためには、普段私たちの目には見えないところで働いてくださっている方々のさまざまな努力やご苦労があることを忘れてはいけません。直接、お礼を言える機会はなかなかありませんが、あいさつや食べ方で感謝の気持ちを伝えたいですね。

「いただきます」のあいさつをする

「いただきます」には食べ物となった動植物の命をいただくことへの感謝の気持ちが表されています。

よく味わって食べる

料理を好き嫌いせず、よく味わっておいしくいただくことも作った人や食べ物への感謝の気持ちを伝える大切な方法です。

食器をていねいにあつかう

食器やはしの持ち方、使い方、そしてきちんと後片付けをすること、そのどれもが作ってくれた人への敬意と感謝を表します。

「ごちそうさま」のあいさつをする

「ごちそうさま」は、食事ができるようにと駆け回って（馳走して）くださった、さまざまな人の苦労をねぎらうあいさつです。

食べ方、過ごし方に気をつけて健康的な生活リズムをつくろう

健康的な生活リズムをつくる食生活のポイント

食事をする時間をきちんと決めよう！

不規則な食事は生活のリズムを乱す原因になり、体の不調の原因にもなります。

ゆっくり味わって食べる習慣をつけよう！

よくかんで味わうことで食べすぎや誤嚥を防ぎ、消化もよくなります。

よく考えておやつを食べよう！

何よりも朝昼夕の食事が基本です。内容、量、時間をよく考えて食べましょう。

毎日体を動かそう！

無理なく楽しめる運動から始めてみましょう。食事もおいしくなりますよ。

寝る直前に食べるのはやめよう！

胃がもたれて、翌日の朝ご飯が食べられず、生活リズムをくずすきっかけになります。

11月

作ってみませんか
赤米入りさけご飯

材料　1人分
- 精白米 …………… 73g
- 赤米 ………………… 7g
- 塩 ………………… 0.25g

- さけフレーク ……… 10g
- ※塩ざけでもよい。
- 塩 ………………… 0.25g

- 卵 ………………… 18g
- 塩 …………………… 0.1g
- 油 …………………… 0.5g

- 小松菜 …………… 14g

古代米ともいわれる赤米、さけと小松菜が入った混ぜご飯です。さけには寒い時期の健康を守るビタミンB群、ビタミンDやE、そして血液をサラサラにするDHAやEPAが含まれ、小松菜にはカロテンのほかビタミンC、鉄が多く含まれています。赤米にはポリフェノールが含まれ、白米に比べビタミンや無機質（ミネラル）も豊富です。

作り方
① 洗米した白米に赤米を入れ、白米で炊く際の通常の分量の水に1〜2時間ほど浸しておく。炊くときに塩を加える。
② さけフレークはほぐしておき、好みで塩をふる。塩ざけを使う場合は、焼いて骨、皮を取り除いてから身をほぐしておく。
③ 卵を割り、溶きほぐして塩で調味し、いり卵を作る。
④ 小松菜はゆでて水にとり、水気を絞って1cmの長さに切る。
⑤ ご飯が炊き上がったら、②〜④を加えてざっくりと混ぜる。

食育だより　11月号

(毎月19日は食育の日)　　　学校

　見事な大輪の菊が咲きほこり、山々の紅葉が鮮やかに映える季節になりました。新米も出回り、脂がのっておいしさを増した旬の魚も豊富に店頭に並びます。寒い冬に備えて、しっかり食べて体力をつけましょう。そして毎日、栄養バランスのとれた食事になるよう心がけましょう。

バランスよく食べよう　～食事の基本形～

　体を動かすエネルギーも、体をつくる材料や、体を病気から守るために必要なものも、すべて毎日の食事から得ています。毎日バランスのよい食事にするためには「主食＋主菜＋副菜」がそろった「食事の基本形」を意識しながら食べることが大切です。

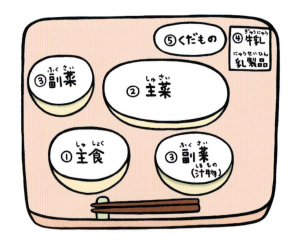

①**主食** ……… 体を動かし、脳をはたらかせるエネルギー源(炭水化物)をたくさん含んだ食べ物。ご飯、パン、めん類など。

②**主菜** ……… 体をつくる材料(たんぱく質)をたくさん含む、肉、魚、卵、大豆・大豆製品などを使った食事の中心になるおかず。

③**副菜** ……… 体を病気から守ったり、調子を整えるもの(ビタミン・無機質(ミネラル)・食物せんい)が豊富な野菜、海そうを多く使ったおかず。みそ汁・スープなどの汁物と2品そろえる。

【さらにそろうとよいもの。デザートやおやつに食べてもよい】

④**牛乳・乳製品**… 丈夫な骨をつくるカルシウムが豊富。

⑤**くだもの** …… ビタミンや食物せんいをさらにとることができる。

いつもありがとう！

毎日、当たり前のように食べている食事ですが、食事は食べ物を育てたり、とったりしてくれる農家や酪農家、漁師など生産者の方、町まで届け、使いやすいようにして販売してくれる流通・小売業者の方、そして調理をする人など、じつにたくさんの人たちのおかげで食べられるのです。

毎日の食事がいただけることに感謝の気持ちを込めて、またみなさんがおいしく食べてくれるようにと一生懸命に働いてくださった方々の思いを大切にして、食事はマナーを守り、よく味わって食べましょう。そして「いただきます」「ごちそうさま」のあいさつを心を込めてしっかり言いましょう。

11月

作ってみませんか

ごぼうのつくね焼き

11月8日は「いい歯の日」です。そこで「かみかみメニュー」の紹介です。よくかんで食べると味がよくわかるだけでなく、胃のはたらきを助ける、食べすぎを防ぐ、歯並びをよくするなどいいことがたくさんあります。ごぼうとしいたけが、かみごたえをアップしてくれます。

材料　1人分

ごぼう	30g
豚ひき肉	70g
しいたけ	10g
大根	30g
ミニトマト	2個
油	少々
A　ごま油	少々
みりん	4.5g
しょうゆ	3g
B　卵	1個
パン粉	5g
塩	少々
C　酒	5g
みりん	6g
しょうゆ	6g

作り方
① ごぼうは少し大きめのささがきにする。
② ①をAのごま油で炒め、味付けをしてきんぴら風にする。
③ 豚ひき肉にBと②と薄切りしたしいたけを加えて混ぜ、小判形(2個)にする。
④ フライパンに油を引き、③を両面焼いて、Cを絡める。
⑤ 大根はおろし、ミニトマト(2個)と付け合わせにする。

中・高等学校向け

「ありがとう」の気持ちを伝えよう

　11月には「勤労感謝の日」があります。新米も出回るなど、11月は自然の恵みをとくに実感できる月です。そんなときだからこそ、日頃からみなさんの健康について心配してくれるおうちの人、先生方はもちろん、毎日食べている給食についても、普段、みなさんの目からは見えないところで働いてくださっている方々にも思いをめぐらせてみましょう。そして毎日、普通に食事ができていることのありがたさについて、いま一度よく考えてみましょう。

　直接、そうした方々にお礼を言うことはなかなかできませんが、次のようなことを心がけ、「ありがとう」という気持ちをぜひ形に表していきたいものですね。

●食べる前には「いただきます」のあいさつ

「いただきます」というあいさつは、食べ物となった動物や植物の命をいただいていること、そして食事ができることへの感謝の気持ちが表されたあいさつです。

●よいマナーで食べる

よいマナーで美しくいただくことは、作ってくれた人のその料理に込めた思いを大切にし、感謝していることを表すことにつながります。

●「ごちそうさま」のあいさつを忘れずに

「ごちそうさま」は「馳走（走り回る）」という言葉から生まれました。食事をするために行われたさまざまな人の努力や仕事に感謝するあいさつです。

●後片付けは思いやりの心で

洗って片付けてくれる人のことを考え、食器はきれいに重ね、はしやスプーンの向きはそろえます。ストロー（袋）などのごみもきちんと始末しましょう。

中・高等学校向け　11月

感謝して食べよう！

　11月23日は「勤労感謝の日」です。この日には宮中行事として、その年にとれた収穫（しゅうかく）に感謝する「新嘗祭（にいなめさい）」が古くから行われてきました。秋の実りが出そろう時季です。自然の恵（めぐ）みへの感謝、また働くことの尊さについて思いをめぐらせ、感謝して食事をしましょう。

●「いただきます」のあいさつをしっかりしよう！

　「いただきます」は、今日もつつがなく食事ができること、そして食べ物になった動植物の命に対する深い感謝を表したあいさつです。声を出してしっかりあいさつしましょう。

●マナーを守って食べよう！

作る人の思いが込（こ）められた食事に、きちんとマナーを守って食べることで感謝の気持ちを表しましょう。

●「ばっかり食べ」はやめよう！

１つの料理だけを続けて食べる「ばっかり食べ」は、栄養の偏（かたよ）りが心配されるだけでなく、料理をえり好みして食べるような様子が、作った人をいやな気持ちにさせます。和食では、とくにしてはいけない食べ方です。

●「ごちそうさま」のあいさつも忘れずに！

　「ご馳走（ちそう）」とは、食事の用意のために駆（か）け回り、一生懸命（けんめい）働いてくださった方々へのねぎらいの言葉です。感謝の気持ちを最後にあらためてしっかり伝えましょう。

ありがとう！

●後片付けは思いやりの心で！

食器を洗う人のことを考え、きちんと重ねて返し、スプーンやはしは向きをそろえましょう。食べ残しやごみはきまりに従って集めましょう。

タイトルイラスト

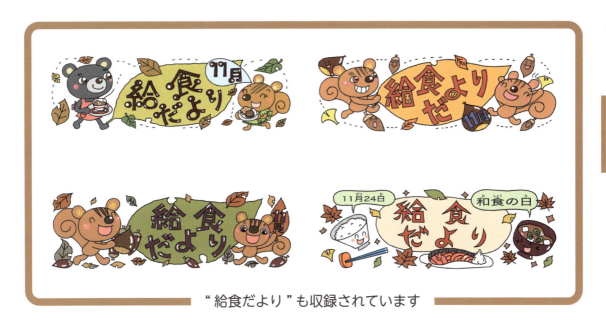

"給食だより"も収録されています

カラーイラスト

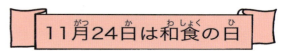

世界の和食を知ろう！

素材の味を大切に「だし」のうま味を上手に使う。

食事の場で自然の美しさや季節感を表現する。

ご飯を中心に「一汁三菜」が基本。

年中行事と密接に結びつき、人々のきずなを強める。

ふろふき大根

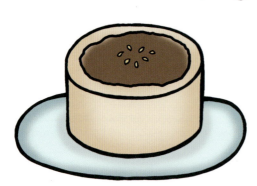

炊き込みご飯

立冬

七五三

> カラーイラスト（中学・高等学校向け）

世界の和食を知ろう！

11月

海、山、里でとれた多様な食材の味を活かす調理が発達。「だし」のうま味を上手に使う。

ご飯を中心に、動物性脂肪（しぼう）をあまり使わないヘルシーな食事。ご飯、汁（しる）、主菜、副菜2品の「一汁三菜（いちじゅうさんさい）」が基本。

食事の場で自然の美しさや移り変わりを表現。旬（しゅん）の食べ物を用い、調度品や器も季節に合ったものを利用する。

年中行事と密接に結びついて育（はぐく）まれ、自然の恵（めぐ）みの食べ物を分かち合い、食べる時間を共にすることで家族や地域のきずなを深める。

「いただきます」「ごちそうさま」のあいさつをしっかり

新米です。

12月

食育だより

12月号

（毎月19日は食育の日） 学校

早いものでもう1年が終わろうとしています。寒くなり空気が乾燥する冬になると、心配なのがかぜやインフルエンザなどの流行です。しっかり予防しましょう。そして新しい年を元気に迎えましょう。

かぜをひかないようにね！

かぜの予防には、バランスのとれた栄養、十分な休養、保温、手洗い、そして規則正しい生活が大切です。

ビタミンACE（エース）で抵抗力をつけよう！

粘まくを強くして、抵抗力をアップするのに欠かせないのが「抗酸化ビタミン」とよばれるビタミンA、C、Eです。冬が旬の野菜やくだもの、魚介類などに多く含まれています。

体を温めよう！

体を冷やさないことも大切です。食事ではたんぱく質不足にならないようにします。たんぱく質源となる肉、魚、豆腐が食べられ、体も温まるなべ料理は冬のおすすめです。

食事の前の手洗いを忘れずに！

かぜ予防の第一はウイルスを体内に入れないこと。そのため、手洗いはとても効果的なかぜの予防法です。せっけんでていねいに洗いましょう。

規則正しい生活が一番！

疲れがたまると体の抵抗力がダウンします。朝昼夕の食事を決まった時間にとって生活にリズムをつくり、早めの就寝を心がけましょう。

知っていますか 12月の食文化

12月は「師走」ともいいます。禅師(師)が走り回るほど忙しい月という意味です。12月は1年の最後を締めくくる月として、さまざまな行事食が伝わっています。

冬至かぼちゃ

冬至は1年で一番昼が短い日です。昔の人は夏にとれたかぼちゃを大事に保存していました。そして冬至の日にかぼちゃを食べると病気にならないとして、かぼちゃを食べる習わしが残っています。

年越しそば

大みそかの夜に食べます。細くて長いそばにあやかって、慎ましくも幸せに長生きできることを願う、また切れやすいそばにかけて1年の災いを断ち切るといった理由から食べられるそうです。

おせち料理

新しい年を迎えるお祝いの料理で、年末に準備をします。よろこぶの「こんぶ」など、おめでたい、縁起がよいとされる材料がふんだんに使われます。いわれを調べながら準備をしたり、食べたりするのも楽しいですね。

旬の食べ物

　タラは漢字で「魚」へんに「雪」と書きます(「鱈」)。その名のとおり、寒い冬が旬の雪のように白い身の魚です。タラは食欲が旺盛で、いつもおなかがふくれているところから「たらふく」という言葉もできました。東北地方などでは「タラをたらふく食べて福が来る」と、年越し料理にタラがよく用いられます。タラは高たんぱく低脂肪で、冬の健康づくりにもピッタリです。タラを使った郷土料理も多く、中でも1匹丸ごと使い、大根や白菜、にんじんと一緒にみそで煮る山形県庄内地方の「どんがら汁」などが有名です。

食育だより  12月号

（毎月19日は食育の日）　　　　　　　　　　　　　　　　学校

　今年もあとわずかとなりました。この1年、元気に過ごせましたか？年の暮れの12月は「師走」ともいいます。先生も走り回るほど何かと忙しいという意味です。冬休みを控え、クリスマス、大みそか、そしてお正月と楽しい行事が続きます。かぜなどで体調を崩すことがないよう、食事前の手洗いをしっかりしましょう。朝・昼・夕の3食を規則正しくとり、十分な睡眠でよく体を休め、元気に新しい年を迎えましょう。

寒さをふきとばす冬の食事とは？

寒い冬を元気に乗り越えられるように、食事面で注意したいポイントです。

たんぱく質はたっぷりと！

魚、肉、卵、大豆・大豆製品、牛乳・乳製品は、体を作るたんぱく質をたくさん含み、寒さに負けない丈夫な体をつくります。

脂質も上手に利用！

油や脂肪などの脂質は少しの量でたくさんのエネルギーを出し、体を温めてくれます。ただしとりすぎには注意しましょう。

毎日とりたいビタミンC！

体の抵抗力を高めます。くだものだけでなく、野菜やいも類にも多く含まれています。

のどや鼻の粘膜を強くするビタミンA

かぜなどのウイルスはのどや鼻から侵入してきます。ビタミンAはのどや鼻の粘膜を強くし、抵抗力を高めます。

外出後と食事前の手洗い・うがい

手にはかぜなどのウイルスが付着していることがあります。そのまま食べると手から口、鼻を通ってウイルスが体内に侵入してきます。ていねいな手洗いでウイルスを流し落としましょう。

12月は野菜で体の中も大そうじ！

　12月はクリスマスや年末の慌ただしさから食生活が乱れ、あぶらものの多い食事が続きます。またアイスクリームやチョコレート、ケーキなどにもあぶらはたくさん使われています。あぶらなど脂質のとりすぎは太りすぎの原因になり、またそうした食事が習慣化すると子どもの将来の健康を揺るがす生活習慣病の遠因にもなります。1年を締めくくる12月こそ「野菜たっぷり」を心がけ、体の中も大そうじしましょう。

肉類・揚げ物1に野菜2を目安に！

あぶらの多い料理1皿に野菜2皿、またはあぶらの多い料理1口に野菜2口などを目安に食べるなど食べ方を工夫してみましょう。

なべでたっぷり野菜をとろう！

冬においしいなべは、野菜を無理なくたくさんとれる料理法です。きのこやこんにゃく、寒天など食物せんいたっぷりの食材も利用してヘルシーななべにしましょう。

野菜は体のおそうじ屋さん

野菜に多いビタミン・無機質(ミネラル)は体の抵抗力を高めてくれます。また食物せんいはあぶらなど脂質の吸収を抑え、うんちのもととなって便秘を予防します。

くだものも利用しよう！

みかん、いちご、りんご、キウイフルーツなどにもビタミンや食物せんいが豊富です。とくにみかんは袋ごと食べるとビタミンCや食物せんいをよりたくさんとることができます。

12月

作ってみませんか

しょうがご飯

寒い冬に、ぽかぽか体を温めてくれるしょうがの混ぜご飯です。

材料　1人分
- 精白米　　　　75g
- 切り昆布　　　0.3g
- しょうが　　　2g
- 油揚げ　　　　5g
- ごま油　　　　0.4g
- 砂糖　　　　　1g
- 酒　　　　　　3g
- しょうゆ　　　3g
- みりん　　　　1g
- 水　　　　　　5g

作り方
① 洗米し、30分以上水に浸し、ざるに上げる。
② ①を普通の水加減で炊く。
③ 油揚げは細切り。しょうがは千切り。
④ ごま油で、しょうが、油揚げ、切り昆布の順に炒め、調味料を加えて汁気がほとんどなくなるまで煮含める。
⑤ 炊き上がったご飯に④の具をのせてしばらく蒸らし、よく混ぜてからよそう。
※切り昆布0.3gの代わりに、もずく10g(ざく切り)でもおいしいです。

食育だより  12月号

（毎月19日は食育の日）　　　　　　　　　　　　　　　　学校

　12月は「師走」です。1年の終わりを迎え、文字通り「先生も走り回る」ような慌ただしい時季ですが、空気が乾燥し、寒さも増して、かぜやインフルエンザの流行、ノロウイルスによる食中毒なども多く起こります。食事の前の手洗いをしっかりし、朝・昼・夕の3食を規則正しく、栄養のバランスを考えてとり、みんな元気に新しい年を迎えましょう。

手洗いは簡単でとても有効な予防法
～かぜ・インフルエンザ・ノロウイルス対策～

　かぜ、インフルエンザ、ノロウイルスの予防には手洗いがとても有効です。とくに食事の前は、せっけんでしっかり手を洗う習慣をつけましょう。

なぜ、予防になるの？

原因となるウイルスは、体の中に入り細胞が増えるしくみを使って仲間を増やします。ウイルスは手を介して食べ物についたり、手から口や鼻、目の粘膜に触れることで体内に侵入することが多いのです。

ウイルスをしっかり落とすためには？

水だけでなくせっけんを使って、ていねいに手を洗いましょう。長さは「ハッピーバースデー」の歌が2回歌える20～30秒が目安です。洗った後は、清潔なハンカチやタオルでよくふき取りましょう。

いつ洗う？

食事の前、外から家や教室など室内に入るとき、それからトイレから出た後もしっかり洗いましょう。また給食当番の人は白衣に着替える前にトイレを済ませ、しっかりせっけんで手を洗いましょう。

人にうつさないように注意して！

給食当番は毎日の健康状態に注意し、体調が悪いときは当番を代わってもらいます。せきやくしゃみが出る人は、ウイルスを含んだしぶきをまき散らさないよう「エチケットマスク」をしましょう。

かぜ予防のための食生活のポイント

かぜは私たちが一番かかりやすい病気です。とかく軽く見られがちですが、「かぜは万病のもと」といわれるように十分に気をつけなければいけません。食生活でのかぜ予防のポイントです。

たんぱく質をしっかりとる

体内で、侵入したウイルスをやっつけてくれる白血球をつくる材料になります。

ビタミンの補給も忘れずに

野菜・くだものに多く含まれるビタミンAやCには、体の抵抗力を高めてくれるはたらきがあります。

脂質（油）も不足しないように

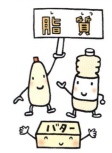

粘膜を強くするビタミンAの吸収を助けます。また体を温めるエネルギー源にもなります。

12月

作ってみませんか

おでんぶ

四国、徳島県の郷土料理です。金時豆や黒豆と一緒に、れんこん、にんじん、ごぼうなどの根菜類を入れて甘辛く煮込みます。お正月や新築のお祝いのときなどによく作られますが、高価な材料は使われていません。豆と野菜を一緒にたくさん食べられるので、冬の寒さを乗り切るだけでなく、まめに働くための栄養源にもなっていたようです。

材料　1人分

鶏もも肉	10g（1cm角）
れんこん	15g（小さい乱切り）
にんじん	15g（小さい乱切り）
ごぼう	15g（小さい乱切り）
大根	25g（小さい乱切り）
こんにゃく	15g（小さい乱切り）
金時豆水煮	20g
ちくわ	7g（半月切り）
さやいんげん	4g（小口切り）
角切り昆布	0.5g（戻す）
うす口しょうゆ	5g
砂糖	3.5g
みりん	1g
サラダ油	1g

作り方

① 昆布を水で戻す。
② 材料を切る。
③ なべに油をひいて熱し、鶏肉を炒める。
④ こんにゃく、ごぼうを加え炒める。
⑤ れんこん、にんじん、大根を加えてさらに炒める。
⑥ 昆布を戻した汁ごと加え、砂糖、みりんで調味し、煮る。
⑦ ちくわと金時豆を加え、しょうゆで味を調え、煮含める。
⑧ ゆでたさやいんげんを加える。

BE HEALTHY! — 中・高等学校向け 12月

根性つくかも！根菜類

　根菜類とは、かぶ、大根、にんじん、ごぼう、いも類など土の中にできる根や地下茎などを食べる野菜です。多くが秋から初春にかけての寒い時季に旬を迎え、おいしくなります。鍋物や煮物、汁物などの具によく用いられ、体を芯から温めてくれます。東洋医学ではよく「体を温める食べ物」ともいわれます。冬を元気に過ごすために欠かせない栄養素もたくさん含んでいます。

● れんこん
ハスの地下茎です。淡泊な味ですが、ビタミンCを多く含んでいます。

● ごぼう
食物繊維がたっぷりで腸内環境を整えてくれます。ごぼうには肉や魚の臭みを消す効果があり、煮物によく用いられます。

● にんじん
体の中でビタミンAとしてはたらくカロテンがたっぷりです。カロテンは油に溶けやすく、油を使って調理すると吸収率がアップします。葉も食べられます。

● 大根
昔はせき止めやのどの痛みに効く民間薬として用いられました。干して作る「切り干し大根」には、食物繊維、カルシウムや鉄分が生のときよりも増加しています。

● かぶ
丸い部分は根ではなく茎（胚軸）で、畑では土の上に出ています。ビタミンCや葉酸が多く、葉にはビタミンC、カロテン、カルシウムが豊富に含まれています。

● さといも
カリウムが多く、塩分の排出を助けてくれます。ヌルヌル成分には胃腸を保護したり、血液をサラサラにする効果があります。

根性、つくかも！

● さつまいも
さつまいもにはビタミンCが多く、熱で壊れにくい性質があります。皮に近い部分に多いヤラピン（白い乳液状の成分）には便秘を改善する効果もあります。

中・高等学校向け　12月

かぜの最強の予防法！
手洗い・保温・栄養・休養

冬になると、きまってかぜをひくという人はいませんか。「かぜは万病のもと」ともいわれます。かぜの予防には、食べる前の手洗い・うがい、体の保温、そして日ごろからの十分な栄養と休養が大切です。しっかり予防をして冬を元気に過ごしましょう。

予防法 その1
手洗い・うがいはしっかり！

かぜのウイルスは汚れた手から食べ物に付いたり、手で目や鼻の粘膜をさわることで体内に侵入します。

予防法 その2
しっかり保温！

汗をかいたら体を冷やさないためにすぐに着替えをしましょう。下着もきちんと着替えることが大切です。

予防法 その3
十分な栄養！

とくに、たんぱく質、ビタミンA、ビタミンCを

好ききらいをすると栄養のバランスが崩れます。体の抵抗力が落ち、かぜをひきやすくなります。

予防法 その4
十分な休養！

「疲れたな」と思ったら、部屋を暗くして早く寝ましょう。スマホなどを見ていては休養になりません。

体にやさしい夜食とは？

3年生のみなさんは、進路に向けて夜遅くまで勉強することもあるのではないでしょうか？ちょっと小腹が減ったとき、どんな夜食を食べたらよいのでしょう。

おすすめのメニュー
おにぎり　素うどん　磯辺もち　など

消化がよく胃の負担にもならないため、翌朝の体調にも影響しにくい食べ物です。

あまりおすすめできないメニュー
チョコレート　甘いお菓子　スナック菓子　から揚げ　インスタントラーメン　など

糖分や脂質のとりすぎにつながります。消化も悪いため、胃に負担をかけてしまいます。

夜食は、あくまで次の日の朝ごはんまでのつなぎの軽食です。夜食を食べすぎて、翌日の朝ごはんが食べられないといったことのないように気をつけましょう。

タイトルイラスト

"給食だより"も収録されています

カラーイラスト

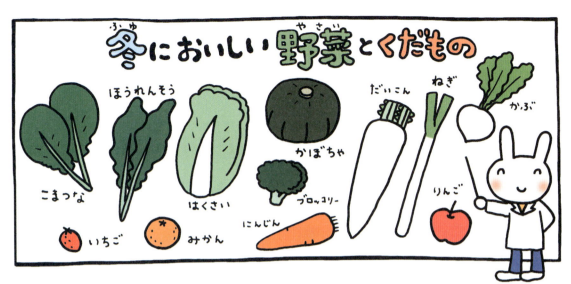

いただきますの前の手洗いしっかりしよう！

必ずせっけんを使って洗う

ゆびの間やつめの先　手首もよく洗う

せいけつなハンカチでよくふきとる

年越しそば

クリスマス

冬至

よい お年を

カラーイラスト（中学・高等学校向け）

かぜ・インフルエンザ・ノロウイルス予防！

いただきますの前の手洗いしっかりしよう！

12月

必ず せっけんを 使って 洗う

ゆびの間や つめの先 手首も よく 洗う

せいけつなハンカチで よく ふきとる

そのほかの注意点！

3食をきちんと食べ、十分な睡眠(すいみん)をとって体力をつけよう！

せきやくしゃみが出る人は「エチケットマスク」をしよう！

冬至

年越(としこ)しそば

1月

食育だより  1月号

（毎月19日は食育の日）　　学校

　新しい年を迎えました。昨年は、台風による大雨など大きな自然災害が続きました。今年はぜひ平穏な年であってほしいものです。
　1月は年の初めです。お正月に始まり、七草、鏡開き、小正月など、1年間を健康に暮らせるようにとの願いを込めた行事がたくさん行われます。また24日から30日までは「全国学校給食週間」です。戦後、国内外の多くの善意や期待を寄せられて再開された学校給食の意義を考え、その一層の充実を期する1週間となります。またこの期間を通し、あらためて食べ物の大切さや作る人の思いを知り、感謝の気持ちをもって食事をすることができるようになってください。

感謝して食べよう

－1月24日～30日は「全国学校給食週間」です－

みなさんのもとに給食がとどくまでに、たくさんの人がかかわっています

●田んぼや畑、海や牧場で働く人

米や野菜を作ったり、魚をとったり、牛や豚、にわとりを育ててくれます。

●食べ物を運ぶ人

食べ物をとれた場所からみんなの町へ、また給食センターから学校まで運んでくれる運転手さん。

●お店の人

よい食材を選んで売ったり、注文に応じて朝、学校まで運んでくれます。

●給食をつくる人

献立を考える栄養教諭（学校栄養職員）の先生や、給食をつくる調理員さん。

●準備をする人

給食当番さん

知っていますか 1月の食文化

1月は「睦月」ともいいます。親戚や知人が互いに行き交って「仲睦まじく」する月から名付けられたそうです。1年の初めの月であり、その年を健康に過ごすための願いが込められたいろいろな行事が行われます。

七草がゆ

せり、なずな、ごぎょう、はこべら、ほとけのざ、すずな（かぶ）、すずしろ（だいこん）の「春の七草」を刻んだおかゆを食べて1年の無病息災をお祈りします。

鏡開き

神様にお供えしたもちを下げ、木づちや手で割りほぐし、お汁粉や雑煮にします。とくに鏡もちを食べることを「歯固め」といい、歯が丈夫で長生きできるようにお祈りします。

小正月

昔の暦で、1年で最初の満月の日で、小豆がゆや小豆飯を食べます。その年の豊作を祈る行事や、お正月の飾りや書き初めを焼く、どんど焼きなどがよく行われます。

かぜに負けない食事

冬は空気が乾燥し、かぜが流行しやすい時季です。栄養をしっかりとって、かぜに負けない丈夫な体をつくりましょう。

たんぱく質をしっかりとろう！

寒さに負けない体をつくるもとです。肉、魚、卵、大豆・大豆製品、牛乳・乳製品をしっかり食べましょう。

ビタミンA、C、Eをとりましょう！

愛称は「ビタミンエース」。冬が旬の野菜やくだもの、魚などに多く含まれ、体の抵抗力を高めてくれます。

脂質（油、脂肪）を上手に活用しよう！

少ない量で大きなエネルギーとなる脂質は体をぽかぽか温めてくれます。とりすぎに注意しながら上手に活用しましょう。

体を動かし、十分な睡眠をとろう！

寒くても適度に体を動かし、また夜はしっかり休むことも大切です。朝昼夕の3食を起点によい生活リズムをつくりましょう。

食育だより  1月号

（毎月19日は食育の日）　　　　　　　　　　学校

あけましておめでとうございます

新しい年の目標は立てましたか。今年もよく食べ、よく体を動かし、夜はしっかり休んで健やかな心と体ですくすく成長していってほしいと思います。今年もおいしく安全な給食を作っていきます。どうぞよろしくお願いいたします。

全国学校給食週間です！　1月24日～30日

日本の学校給食は明治時代、山形県鶴岡市で昼食を持参できない子どもたちのために、おにぎりと魚、漬物を用意したのが始まりとされます。その後、徐々に全国に広まった給食も第二次世界大戦で中断されました。戦後、海外からの救援物資で再開された学校給食は、栄養が不足しがちだった多くの子どもたちを救いました。今は豊かになった日本ですが、当時の気持ちを忘れないために設けられたのが「全国学校給食週間」です。給食ができることにあらためて感謝しながら、将来にわたって心豊かな生活を送れるよう、子どもたちの健康な心と体を育み、大切な食文化を未来に伝える学校給食の役割についてあらためて考える1週間です。

学校給食の7つの目標
～学校給食法より～

健康な体をつくる

望ましい食生活のお手本になる

助け合い、協力し合う社会性を身に付ける

自然の恵みに感謝する心を育てる

働くことを尊び、感謝する心を育てる

地域の食文化を知り、未来に伝える

食を通して社会のしくみを学ぶ

1月のさまざまな行事と行事食

1月は「睦月」といいます。親戚や友人が互いに行き交い「仲睦まじくする」ことから名付けられました。新年の幸せを願うさまざまな行事があり、行事食がとても身近に感じられる月です。

おせち料理
お正月を迎えるための華やかな料理です。それぞれの料理に願いが込められています。

お雑煮
もちに具をあしらったお正月の祝いの汁物。いろいろな作り方があります。

七草がゆ（1月7日）
「春の七草」を刻んだおかゆを食べて、胃を休め、1年間の健康を祈ります。

鏡開き
お正月のもちを下げ、お汁粉や雑煮にします。昔は鏡もちを食べ、歯の健康と長生きを祈る「歯固め」の行事もありました。

成人の日
新しく大人の仲間入りをした新成人を祝いはげます日です。小学校では、「1/2成人式」を行うところもあります。

小正月
その年の豊作を願う行事やお正月の飾りや書き初めを焼くどんど焼きなどが行われます。小豆がゆがよく食べられます。

作ってみませんか

はくさいと鶏肉のあんかけ丼

野菜ときのこがたっぷりの、冬においしいあんかけ丼です。

材料　1人分

はくさい	53g	塩	0.3g
鶏もも肉	20g	砂糖	1g
にんじん	10g	酒	1g
しめじ	11g	みりん	1g
えのきたけ	12g	でんぷん	1g
長ねぎ	13g	削り節	0.5g
サラダ油	0.5g	水	44g
しょうゆ	6g		

作り方
①削り節でだしをとる。
②はくさいはざく切り、鶏もも肉は一口大、にんじんは短冊切り、長ねぎは斜め切りにする。
③しめじ、えのきは石づきをとり、小房に分けほぐしておく。
④調味料を合わせておく。
⑤なべに油をひいて熱し、まず鶏肉を炒め、野菜を加えてさらに炒める。
⑥①を入れ、はくさいやにんじんに火が通ったら④を入れて少し煮込む。
⑦仕上げに水溶きでんぷんでとろみをつける。熱々のご飯にかけて召し上がれ。

食育だより  1月号

（毎月19日は食育の日） 　　　　　　　　　　　　　学校

　あけましておめでとうございます。今年もみなさまにとって、よい年となりますことをお祈りしています。「新春」とはいえ、寒さはこれから一段と厳しくなります。「ただいま」の後、「いただきます」の前には、せっけんを使ってしっかり手洗いをして、かぜやインフルエンザ、ノロウイルスの予防につとめましょう。朝は体が温まるように、しっかり朝ご飯を食べて登校しましょう。

給食の記念日を祝おう！
～全国学校給食週間～

　1月24日は「給食記念日」。また24日からの1週間は「全国学校給食週間」となります。みなさんと給食のきずなをさらに強め、その大切な意義や役割について、あらためて考えてもらう1週間です。そして今、日本の学校給食は、その先進性が世界中から注目されています。

ここがすごいよ！ニッポンの給食 🇯🇵

ヘルシーでおいしく、楽しい食事！

国が定めた学校給食制度によって、国・自治体が人件費・輸送費を負担し、保護者は食材費だけを支払う。新鮮な食材をふんだんに使いながらも安価で健康的かつ、おいしい食事にどの子も等しくアクセスできている。一緒に食べるのも楽しそう。

専属の栄養教諭・栄養士の先生がいる！

専門資格を持つプロが考えた献立で、家庭で不足しがちな栄養を補うとともに、地産地消や郷土料理・行事食といった取り組みが郷土愛や文化の継承にもつながっている。さらに食事前には献立についてのレクチャーやメモでその理解を深めている。

思いやりや公共心が育まれている！

給食の準備や後片付けまで子どもたちが自ら率先して協力して行うことで、他人への思いやりや公共心が育つ。衛生面への配慮や、等しく配分するための計算なども自然に身に付いているようだ。

教育として行われている！

他国では給食行政はおもに農業関係の省庁が担っているが、日本では教育を担当する文部科学省が所管している。給食が単なる昼休みの食事ではなく、教育や授業の一環として取り組まれている。

海外報道等より

鏡開き(かがみびらき)

新年に行われる「鏡開き」では、お正月に神様にお供えしていた鏡もちを下げて、お雑煮やお汁粉にして食べます。武道やお稽古事では、「初稽古」や「寒稽古」と兼ねて、この「鏡開き」を行うこともありますね。下げた鏡もちは切らずに割ったり、砕いたりして使います。これは武家の風習で、武士にとって「切る」という言葉は縁起が悪いので、刃物を使わず木づちでたたき割り、「鏡もちを割って開いた」ことを「運が開く」にもかけて、「鏡開き」とよんだそうです。

作ってみませんか

あおさのみそ汁

三重県の特産物「あおさ」を使ったみそ汁です。あおさはヒトエグサという海そうの別の呼び方で、海・山の豊かな自然に囲まれた三重県の生産量は日本一です。みそ汁の具にする以外にも、卵焼きや酢の物、雑炊に入れたり、てんぷらの衣に混ぜてもおいしいです。手頃な価格であるのもうれしい食材です。

材料　1人分

乾燥あおさ	0.5g
豆腐	20g
油揚げ	4g
長ねぎ	5g
えのきたけ	10g
小松菜	12g
赤みそ	6g
白みそ	6g
煮干し	1g
削り節	1g
水	

作り方

① 煮干しと削り節でだしをとる。
② 豆腐はさいの目に切る。油揚げは油抜きをして短冊切りにする。
③ 長ねぎは小口切りにし、えのきたけは3cmに切る。小松菜はゆでて2cmくらいに切っておく。
④ 鍋にだし汁とえのきたけを入れ、中火でゆっくりきのこのうま味を煮出す。煮立ったら弱火にして油揚げと豆腐を入れる。
⑤ ひと煮立ちしたら火を止め、みそを溶かし、ねぎを加える。
⑥ 仕上げに粗くくだいた乾燥あおさを入れて出来上がり。

中・高等学校向け　1月

行事食を楽しもう！

1月は「睦月」といいます。親戚や知人が互いに行き交って「仲睦まじく」することから名付けられたといいます。1年の初めの月でもあるため、1年を健康に過ごすための願いが込められたさまざまな行事が行われます。またそうしたときに食べる行事食をとても身近に感じることができる月です。

おせち料理		もともとは五節句などの「節」の日に食べるごちそうのことを言いましたが、今では正月のおせち料理だけを指すようになりました。祝い肴、酢の物、焼き物、煮染めといった料理ごとに重箱に詰めます。日持ちする料理が多いのは、正月に火を使う煮炊きを避けたからといわれます。それぞれの料理には、1年を健康に、そして幸せに暮らすための願いが込められています。
お雑煮		おもちに具をあしらったお正月の祝いの膳の汁物です。地方や家庭により具はさまざまです。仕立て方も、だしとしょうゆのすまし汁、みそを使ったみそ汁などいろいろです。もちにも丸もちを使うか、切りもちを使うか、また一度焼いてから入れるのか、そのまま入れるのかといった違いもあります。みんなで調べてみてもおもしろいですね。
七草がゆ		せり、なずな、ごぎょう、はこべら、ほとけのざ、すずな（かぶ）、すずしろ（だいこん）の「春の七草」を刻んだおかゆを食べて1年の無病息災を祈ります。百人一首の「君がため　春の野に出て　若菜摘む　我が衣手に　雪は降りつつ」（光孝天皇 830～887）は、この七草つみを詠んだ句といわれます。
鏡開き		お正月に神様にお供えしたもちを下げ、木づちや手で割りほぐします。刃物は使いません。ただし「割る」や「切る」では縁起が悪いので、「開く」という言葉を使います。もちは汁粉や雑煮にします。また鏡もちを食べることを「歯固め」ともいいます。歯が丈夫で長生きできますようにという願いを込めて行います。
小正月		昔の暦で1月15日は1年で一番初めの満月でした。その年の豊作を願う行事や、正月飾りや書き初めを焼く「どんど焼き」が行われます。小豆飯や小豆がゆを食べる地方もあります。お正月に忙しかった女性たちも一息つけたため「女正月」ともいわれます。
全国学校給食週間		1月24日から30日までは「全国学校給食週間」です。戦時中に一度途絶えた日本の学校給食が、国内外の多くの人の善意や協力で再開できたことを記念して、学校給食の意義や役割について考えてみる1週間です。この期間を通し、あらためて食べ物の大切さや食べ物を作る人たちの思いを知り、よく感謝して食べるようにしたいものです。

中・高等学校向け　1月

全国学校給食週間です!

1月24日からの1週間は「全国学校給食週間」です。第二次世界大戦後の日本は食糧不足に見舞われ、子どもたちはやせ細り、いつもおなかをすかせていました。こうした状況に世界各国から支援物資が届けられ、戦争で中断されていた学校給食が再開されました。これを記念して行われている行事です。戦後、学校給食は学校で行われる教育活動の1つに位置づけられました。成長期の今だけでなく、将来にわたってみなさんが健康で心豊かな生活を送っていくために大切なことを毎日の給食を通して伝え、学んでいく場になっています。

全国学校給食週間

全国学校給食週間です　毎日の食生活を見直してみよう	健康のことを考えて、いろいろな食べ物をバランスよく食べている。	朝、昼、夕の1日3食を毎日、ほぼ決まった時間に食べている。	クラスの仲間と協力して給食の準備や後片付けができている。
 あいさつやはし使い、食事のマナーを守って、みんなと楽しい雰囲気で会食することができている。	 たくさんの人々の協力や働きによって毎日の食事が成り立っていることを理解し、感謝して食べている。	 食べ物を育む豊かな自然環境を守る大切さを知り、自分たちができることをしっかり行っている。	 ふるさとの自慢の食べ物や料理を知り、また日本の伝統的な食文化の特徴やよさについて理解し説明できる。

タイトルイラスト

"給食だより"も収録されています

カラーイラスト

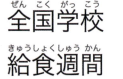

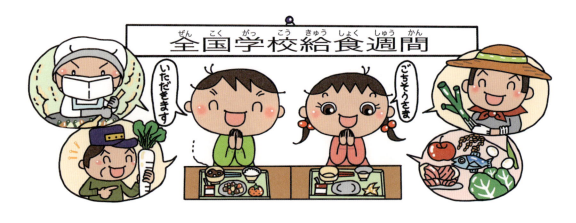

カラーイラスト（中学・高等学校向け）

2月

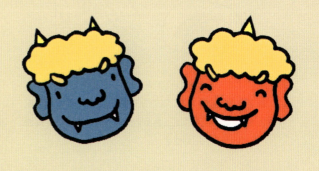

食育だより

2月号

（毎月19日は食育の日）　　　　　　　　　　　　　　　学校

暦の上では立春を迎え、少しずつ春の訪れを感じる時季です。年度末にさしかかり、進学・進級ももうすぐですが、冬の終わりに病気などにかからないよう、規則正しい生活を送りましょう。

日本の食事のよさを知ろう！

日本では、主食のご飯にみそ汁などの汁もの、そして旬の食べ物などをおかずに組み合わせて、さまざまな食べ物を上手に献立にとり入れてきました。この日本型の食事スタイルは、栄養のバランスに優れ、ヘルシーな食事として今、世界から注目を集めています。

どんなおかずにも合うご飯

水で炊くのでとてもヘルシー。量のわりにカロリーは少なめです。腹もちもよく、一日のパワーの源となります。さらに米は大豆と組み合わせることで、良質なたんぱく質源にもなります。

みその力と具だくさんで栄養満点のみそ汁

大豆発酵食品のみそは腸の調子を整え、免疫力も高めてくれるといわれます。具だくさんにすると1食の栄養バランスも整いやすくなります。だしを利かせて塩分控えめでいただきましょう。

体によい成分をたくさん含む魚介類と大豆

魚には体によいはたらきをする脂質栄養がたっぷり。血液をサラサラにし、脳の発育にも役立ちます。豆腐、なっとうなどの大豆加工食品もヘルシーなたんぱく質源として注目されています。

野菜や豆、いも、きのこ、海そうが盛りだくさん

体の調子を整えるビタミンや無機質（ミネラル）、食物せんいの宝庫です。日本ではゆでたり、煮たり、蒸したりする調理法がよく用いられ、油をあまり使わず、ヘルシーに仕上げることができます。

豆と大豆製品

※くろ豆（黒豆）は、だいず（大豆）の一種。なんきん豆（南京豆）は、落花生やピーナッツともいいます。

日本では昔からまじめなことや、体が丈夫なことをたとえて「まめ」といいます。「まめに働く」「まめに暮らす」「まめな人」…などといった言葉を聞いたことがある人も多いでしょう。これは豆が大変に栄養のあるものとして、昔から日本人に親しまれてきた表れでもあります。

とくに大豆は「畑の肉」といわれ、アミノ酸バランスのとれた良質なたんぱく質や、脂質、ビタミンB_1やE、ミネラル、食物せんいも多く含みます。しかし、豆のままでは食べることができません。そこで加工してさまざまな大豆加工製品が作られています。

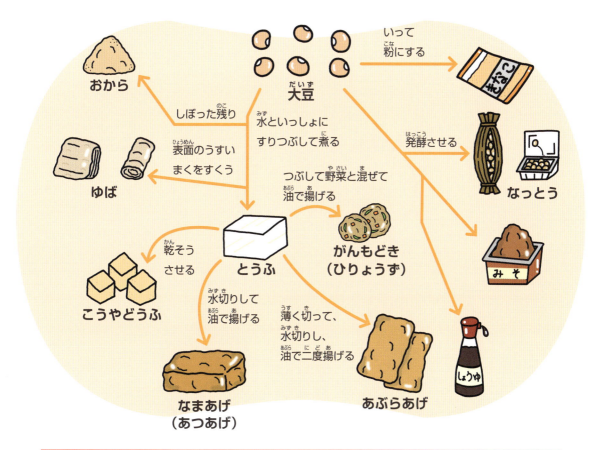

福は内、鬼は外！

立春の前日に行われる節分の豆まきは、「追儺（ついな）」という、古代中国から伝えられた病気と厄除けの風習が、日本でかたちをかえたものといわれます。健康を願い、新しい春を迎えるための重要な節目にもなっています。

食育だより   2月号

（毎月19日は食育の日）　　　　　　　　　　　　　　　　　学校

「福は内、鬼は外」。節分は立春の前日、冬が終わって春に移るという季節の変わり目を意味します。寺社や家々で行われる豆まきは、災いを追い払い、福を呼び込むという願いを込めて行われてきた風習です。立春を過ぎ、暦の上では春ですが、まだ寒さの厳しい日が続きます。規則正しい生活とバランスのよい食生活を心がけましょう。

節分です！　大豆のひみつ

節分といえば「豆まき」。豆まきといえば「大豆」です。大豆は栄養たっぷりの豆で、日本では昔からいろいろな食べ物に加工しておいしく食べられてきました。大豆さんにちょっと話を聞いてみましょう。

私の名前は「大豆」です。体は小さいけれど「畑の肉」といわれるくらい、たくさんの栄養があります。

体をつくるたんぱく質、丈夫な骨をつくるカルシウム、貧血を予防する鉄、体の発育に欠かせないビタミンB群、食物せんいもたっぷりです。

みんな、私たち「大豆」のなかまだよ！

豆乳　おから　ゆば　豆腐　凍り豆腐　あぶらあげ　がんもどき

きなこ　なっとう　みそ　しょうゆ　油　もやし　えだまめ

美しい食べ方で食べよう！

食事のマナーは、自分自身がスムーズに気持ちよく食事を進め、周りの人をいやな気持ちにさせないためにとても大切です。はしとわんを使う日本の食事ではとくに次のことに気をつけましょう。

姿勢を正そう

テーブルと体の間をこぶし1つ分くらい開けて、背筋を伸ばして食べましょう。

わんを持って食べよう

茶わんやおわんは持って食べると姿勢もよくなり、食べこぼしも防げます。

はしは正しく持とう

下のはしは動かさず、人差し指と中指で上のはしだけを動かそうね。

「つまむ」「切る」「さく」「すくう」など、はしの機能がフルに生かせます。

ご飯とおかずを交互に食べよう

「ばっかり食べ」は、作った人や一緒に食べる人をいやな気持ちにさせてしまいます。途中で残すと栄養にかたよりも出やすくなります。

作ってみませんか

材料　1人分
- じゃがいも……… 42g
- おから…………… 15g
- たまねぎ………… 8g
- A
  - 卵……………… 2g
  - 小麦粉………… 3g
  - 乾燥パン粉…… 0.5g
- サラダ油………… 0.5g
- 水………………… 2g
- 揚げ油…………… 4g
- ウスターソース… 6g

埼玉名物　ゼリーフライ

埼玉県行田市の名物。おからをベースにした衣のないコロッケです。形が小判（銭）にそっくりだったので、はじめは「ゼニーフライ」とよばれたそうです。

作り方
① 蒸してつぶしたじゃがいもとおから、みじん切りして炒めたたまねぎとAを加え、よく混ぜる。
② 生地の様子を見て水を適宜加え、小判形に形をととのえる。
③ 油で揚げる。
④ 揚げたてをウスターソースにさっとくぐらせて出来上がり。
※お好みで①にほかの野菜を加えてもおいしいです。

食育だより  2月号

（毎月19日は食育の日） 学校

　2月には「節分」があります。「節分」とは「節（季節）を分ける」という意味で、各季節が始まる節目の前日をいい、2月の「節分」はちょうど春の始まり「立春」の前日となります。本来は夏や秋にも「節分」はあったのですが、立春は新しい年の初めの節目として重要視されたことから、現在は節分といえば2月となったのです。暦の上では春とはいえ、寒さはまだまだ厳しいです。食事の前の手洗い、栄養バランスのとれた食事、そして十分な睡眠をとって元気に春を迎えましょう。

豆まきの豆、大豆を知ろう！

　節分には「豆まき」をします。立春を1年のはじまりと考えると「節分」は前年の一番最後の日となります。そこで前年のけがれや悪を払い、新しい春に幸せを招くための儀式として「豆まき」を節分の行事として行うようになりました。豆まきの豆にはふつう炒った大豆を使います。

「魔が滅する」のマメで鬼退治！

節分で豆をまくのは、豆が「魔滅」に通じ、鬼がおびやかす災難や病気を寄せ付けないとされたからといわれます。

「炒る」は「射る」にかけて

炒った豆を使うのは、生豆のままだと落ちた豆から芽が出て不吉とされたからです。また「炒る」を「射る」にかけ、悪い鬼を退治します。

豆まきの主役「年男・年女」！

寺社などではその年の干支生まれの「年男・年女」がよく豆まきをします。小学校では5年生に当たることが多いですね。卒業する6年生からしっかりバトンタッチしていきましょう。

最後は年の数だけ食べる

豆まきの「福豆」を年の数だけ食べると1年を健康に過ごせるといわれます。余った福豆は水にもどさず料理にすぐ使えます。炊き込みご飯にするとおいしいですよ。

　食品としてみたときも、大豆は「畑の肉」といわれるほど良質のたんぱく質に富み、さらにビタミンB群、カルシウム、鉄などの無機質（ミネラル）、食物せんいなど健康づくりに大切な栄養素もたくさん含んでいます。大豆や大豆から作られる食品を毎日の食生活に上手に取り入れ、健康をおびやかす鬼たちを寄せ付けないようにしましょう。

偏食と好き嫌い

「好き嫌い」と区別の難しい面はありますが、「偏食」とは特定の食品に対する好き嫌いがとくにはっきりし、その程度も激しい場合をいうことが多いようです。食べ物の好き嫌いは程度の差はあれ、誰にでもありますが、偏食がひどくなって特定の食品しか食べない状態が続いてしまうと、成長や発育に必要な栄養素がとりにくくなるばかりか、社会生活上も支障をきたしてしまいます。無理強いは禁物ですが、長い目で見守りながら機会を見つけて克服できるようにはたらきかけてみることも大切でしょう。

偏食を克服するには
- 食べないからと食卓から遠ざけず、大人が食べる姿を見せる。
- 野菜づくりをしたり、一緒に買い物をしたり、食事づくりに参加させて食品や料理への興味・関心を高める。
- 調理法や形も変えて試してみる。
- 無理に好きにならなくてもよいが、味わってみる必要はあることを伝える。
- 1回食べただけで好き嫌いを決めないようにアドバイスする。

作ってみませんか

さんが焼き

千葉県の郷土料理です。房総の海ではあじ、いわしなどの魚がたくさん捕れます。漁師さんは捕れた魚を船の上でみそといっしょに細かくたたき「なめろう」という料理を作りました。その漁師さんたちが山に仕事に出かけるとき、余った「なめろう」をアワビの貝殻に詰めて持っていき、山の小屋で蒸したり焼いたりして食べたそうです。山の家で食べるということで「山家（さんが）焼き」とよばれるようになりました。レシピは給食用にアレンジしたものです。

材料　1人分

いわしのすり身	15g
塩	0.03g
こしょう	少々
しょうが	1g
鶏ひき肉	35g
ねぎ	6g
しょうゆ	0.8g
白みそ	2g
酒	1.5g
かたくり粉	3g
焼きのり	1枚
紙カップ	1個

作り方
① しょうがはすりおろし、ねぎはみじん切りにする。
② いわしのすり身に塩、こしょう、しょうがを加えてよく混ぜる。
③ 鶏ひき肉、ねぎ、しょうゆ、みそ、酒、かたくり粉を加え、さらによく混ぜる。
④ ③を紙カップに入れる。
⑤ オーブンの天板に並べ、焼きのりをのせて焼く。

 中・高等学校向け 2月

受験勉強をがんばる3年生へ

いよいよ受験シーズンが始まります。冬休みはみなさんのがんばりどきですね。でも、夜9時を過ぎると、おなかが「グゥ〜」。なかなか勉強に身が入らない…。そんなことはありませんか。でもそこでスナック菓子やカップめんを食べてしまうと…、そう"受験太り"になってしまいます。受験勉強期の食生活の注意点です。

● **夜に食べるのは、できれば8時くらいまでとし、9時過ぎはなるべく控えましょう**

夜遅い時間に食べてしまうと、胃がもたれて翌日の朝ごはんが食べられなくなります。また夜食が習慣になると生活リズムが夜型になり、朝から始まる試験で本来の実力が発揮できなくなります。

● **夜食は200キロカロリーまでを目安に。塩分やあぶらの多いものは避けましょう**

1日にとる総カロリーの1割ほどを目安に。消化のよい、素うどん、ふかしいも、バナナ、ホットミルクなどがオススメです。

ラストスパート！
がんばれ受験生!!

● **3食の食事がまずは基本！**

寒いこの季節は、体にさまざまなストレスがかかります。体をつくり、健康を保つための栄養を3食の食事からしっかりとることが大切です。また決まった時間に食事をすることでよい生活リズムが生まれ、やる気や能率もアップします。

● **体重ではなく体脂肪の増加に注意して！**

成長期は体重が増えるのがふつうです。しかし高校でも部活で運動を続けたいと思っている人は太りすぎは避けたいですね。そんな人は体重と体脂肪率をチェックし、体脂肪率が大きく増加していなければオーケーとします。体脂肪率が増えてしまっていたら、食事で野菜を多く食べるようにしたり、おやつの内容を見直してみましょう。

● **やはり運動も大事！**

健康の基本は「食事、運動、睡眠」です。受験期には、どうしても運動が不足しがちになります。ふだんの生活の中で、できるだけ歩くなど体を動かすことを心がけ、なわとびやストレッチなど勉強の合間にできる運動を気分転換もかねて続けていくことが大切です。

中・高等学校向け　2月

試験対策　食育㊙大作戦！

3学期も中ほどにさしかかり、各学年とも1年間の総まとめに入ります。とくに3年生は大切な高校入試を控え、ラストスパートの時期に入ります。試験当日、最高のコンディションで実力を発揮できるよう食事面からのアドバイスを紹介します。

必勝ポイント　その1
朝食は必ず食べる

脳の重量は体全体の2%ほどですが、消費するエネルギーは体全体の20%も占めるそうです。朝食を食べないで勉強や試験に臨むと、途中で脳がエネルギー切れを起こします。

必勝ポイント　その2
3食で生活リズムをととのえる

試験は午前中から行われます。夜型生活の人は早めに朝型に戻しましょう。その助けとなるのが、朝昼夕の3食です。時間を決めて規則正しく食べ、夕食後はなるべく間食しないのがポイントです。

必勝ポイント　その3
プラス思考でチャレンジ！

苦手克服！

残念ながら「これを食べると頭がすぐによくなる」という食べ物はありません。しかし、体のコンディションを整えるためには、いろいろな食べ物を好き嫌いなく食べられるようになることはとても大切です。食わず嫌いの克服が新しいチャレンジのきっかけになるかもしれません。決して無理は禁物ですが、前向きに挑戦してみましょう。

必勝ポイント　その4
ストレスに負けない体をつくる！

ビタミンCは体がストレスと戦うために欠かせない栄養素です。ブロッコリーや芽キャベツ、ピーマンなどの野菜や、みかんなどのかんきつ、いちご、キウイフルーツといった果物類にたくさん含まれています。

必勝ポイント　その5
食事前の手洗いでかぜ予防！

かぜの原因となるウィルスは、まず手に付き、そこから口、鼻、目などの粘膜を通して体内に侵入します。手を使うことの多い食事は、感染の場にとてもなりやすいのです。かぜをひいてしまうと、勉強の成果が十分に発揮できません。外から戻ったときはもちろんですが、食事の前にも必ずせっけんでしっかり手洗いをする習慣をつけ、かぜ予防を心がけましょう。

タイトルイラスト

"給食だより"も収録されています

カラーイラスト

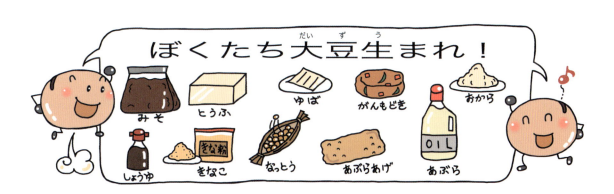

カラーイラスト（中学・高等学校向け）

いろいろな豆

大豆から作られる食べ物

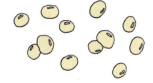

恵方巻き

3月

食育だより  3月号

（毎月19日は食育の日） 学校

　春の足音が聞こえ心はずむ3月は、学校では1年の締めくくりの月になります。この1年間の学校生活はどうでしたか。健康に過ごすことができましたか。新しい学年、学校に向けて最後の月を元気に過ごしましょう。

1年間の給食をふり返ってみよう！

「はい」は ➡、「いいえ」は ➡ に進みましょう。

スタート

すききらいなく、ぜんぶ食べられた。

食事の前の手洗いをきちんとできた。

「いただきます」「ごちそうさま」のあいさつをして食べられた。

がんばりましょう。
ちょっと困りました。給食で教わったことを思い出してがんばりましょう。

もうひとがんばり
毎日の給食から、さらにいろいろ学びましょう！

給食当番の仕事をしっかりできた。

皿を重ね、はしやスプーンの向きをそろえて、後片付けができた。

食事のマナーをしっかり守って食べられた。

よくできました。
もうひと息で100点です。

みんなと楽しく給食が食べられた。

おわんや皿、はしを正しい位置に並べて食べることができた。

旬の食べ物やふるさとの料理を給食を通して知ることができた。

大変よくできました。
みんなのお手本です。これからもがんばってね！

知っていますか 3月の食文化

　3月は「弥生」といいます。「弥（いや）」には「いよいよ、ますます」、そして「生（おい）」には草木が芽吹くという意味があります。この「いやおい」が縮まって「やよい」になったといわれます。ひな祭りやお彼岸の行事があり、また卒業式のシーズンです。

ひな祭り

女の子の健やかな成長を願う節句のお祭りです。赤・白・緑の3色のひし餅、ちらしずし、はまぐりのお吸い物、ひなあられ、また子どもは飲めませんが白酒などがよく出されます。

お彼岸

春分の日、秋分の日を中日にして前後3日ずつの7日間を「彼岸会」といいます。ご先祖様に感謝し、お墓参りなど仏事を行います。お供え物として「ぼたもち」や「おはぎ」を作ります。

卒業式

入学試験の合格が決まった日や卒業式などには、もち米に小豆やささげを入れて蒸した「赤飯」がよく出されます。昔から赤い色には魔除けの力があるとされ、お祝い事の食事に用いられました。

1年間ありがとうございました。

　今年度の給食は、3月　　日（　）で終了いたします。
　給食を通して、今年度も1年間、子どもたちのうれしい笑顔をたくさん見ることができました。「おいしかった！」や「ごちそうさま」の声、そして空っぽになって教室から戻ってきた食缶を見ることが、スタッフ全員の大きな励みになっています。
　来年度も食品や調理過程の安全には細心の注意を払いながら、おいしい給食を毎回提供できるように努めていきます。また卒業生のみなさんには給食を通して出会った味のことを忘れず、給食で学んだ食べ物や食べ方についての知識や経験を、学校給食の楽しい思い出とともに、ぜひこれからの生活に生かしていってください。
　1年間、本当にありがとうございました。

食育だより  3月号

（毎月19日は食育の日）　　　　　　　　　　　　学校

　日に日に春の訪れが感じられるようになりました。早いもので学年最後の月です。今年度はどんな1年でしたか。また卒業生にとっては、次のステージに向かって羽ばたく準備をするときです。学校での残りの日々をよい思い出でいっぱいにしてください。

今日は何を食べた？

　人の体は食べたものからつくられ、脳や筋肉、内臓など体の部位は、そのさまざまな栄養の力ではたらいています。食事は体と心の健康のもとになるものです。「健康な体は1日にして成らず」。1食1食の積み重ねによって自分の体がつくられ、明日の自分へとつながっていくのです。
　近年、日本人の食事は大きく変わり、体つきも大きく変わりました。

11歳の子どもの平均身長・体重の世代間比較

区分	平均身長（cm）		平均体重（kg）	
	男	女	男	女
祖父母世代（昭和39（1964）年度） ※昭和27（1952）年度生まれ	138.2	140.0	31.8	33.3
親の世代（平成元（1989）年度） ※昭和52（1977）年度生まれ	144.3	146.1	37.9	38.7
子世代（令和元（2019）年度） ※平成19（2007）年度生まれ	145.2	146.6	38.7	39.0

（文部科学省「令和元（2019）年度学校保健統計調査」結果概要より）

● **食べるもの**
　ご飯が減り、油脂の摂取が増えた。長い間、ご飯を主食におかずを組み合わせる食生活を送ってきたが、近年は世界のいろいろな食材や調理法を取り入れ、組み合わせの形式にもこだわらなくなっている。

● **食べ方の変化**
　一人で食事をする「孤食」や、家族が同じ食卓についても思い思いに異なったものを口にする「個食」も見られる。こうした「好きなものだけ、食べたいときだけ食べる」というスタイルは偏食を招きやすく、栄養バランスを崩しやすい。

● **食べる場所の変化**
　外食が増え、弁当や総菜など調理済み食品を家庭に持ち帰って食べる「中食」も増えた。家庭料理を囲む機会が減り、「家庭の味」の伝承が難しくなっている。

　昔と今を比べると、確かに体形は大きくなりましたが、少し心配な問題も生じています。「人はなぜ食べるのか」ということをよく考え、食を大切にする生活を送っていきたいですね。

ひな祭り、うんちくばなし

3月3日はひなまつりですね。ひなまつりによく食べられる行事食についてのお話です。

ひしもち、ひなあられ

赤は桃の花の色で魔よけ、白は雪で清らかさ、緑は大地を表し、健康を願うといわれます。また3色で春の到来を表すともいわれます。

ちらしずし

女の子のお祭りにぴったりな華やかな料理です。縁起のよい食べ物をふんだんに具に使うことで将来の健康と幸福を願います。

うしお汁

はまぐりの貝がらは、同じ貝としかぴったり合いません。そのことから「よいパートナーに恵まれて幸せになれますように」と願います。

白酒

「桃花酒」ともいい、厄を払うとされます。お酒なので子どもは飲むことはできません。アルコール分のない甘酒などにしましょう。

作ってみませんか

えびマヨポテトの包み揚げ

ひな祭りのお祝いの食卓にいかがでしょう。

材料 1人分
- むきえび……………15g
- 酒………………………1g
- にんじん………………5g
- じゃがいも…………40g
- 塩……………………0.2g
- こしょう……………0.01g
- マヨネーズ……………4g
- 春巻きの皮……………1枚
- 揚げ油………………適量

作り方
1. むきえびは酒をふって、蒸しておく。
2. にんじんは小さめのいちょう切りにして、ゆでておく。
3. じゃがいもも厚めのいちょう切りにして蒸し、塩・こしょうをしておく。
4. ③に①②とマヨネーズを加え、混ぜ合わせる。
5. 春巻きの皮で④を包み、揚げる。

1年間ありがとうございました！

今年度の給食は3月　　日（　）で終了します。本校の食育、学校給食の取り組みに深いご理解とご協力をいただきまして誠にありがとうございました。新年度も職員一同、力を合わせて子どもたちの健康と夢を育む安全でおいしい給食づくり、そして食育に力を注いでいきます。どうぞよろしくお願いいたします。
新年度の給食は4月　　日（　）からとなります。

食育だより  3月号

（毎月19日は食育の日） 　　　　　　　　　　　　学校

3月を「弥生」といいます。「木草、いや生ひ（い）月」が縮まってできたとされ、文字通り、草木の芽が出て成長してくる月です。「桜月」「花見月」ともよばれます。3月は学年の締めくくりの月。体調の管理に気をつけ、残りの日々をよい思い出でいっぱいにしましょう。

おいしく食べることは健康の基本
～舌の健康に気をつけましょう～

私たちの舌（味覚）は、「食べる」という行為を支える大切なはたらきをしています。舌に異常が生じると、食べ物の味がわからなくなったり、塩辛い味や濃い味でないと満足できなくなったりして、ひいては健康を害することにつながりかねません。舌の健康を守るため、次のことに気をつけましょう。

- 料理ではうす味を心がける
- よくかんで味わって食べる
- 偏食をしない
- 外食や加工食品に頼りすぎない
- 辛すぎるもの、熱すぎるものは避ける
- 亜鉛を含む食品（かき、ほたて貝、するめ、小魚類、卵、凍り豆腐、まいたけ、わかめ、チーズ、ごまなど）を意識してとる
- 食べた後は、しっかり歯みがきをする
- いつも口が開いていて、鼻ではなく口で呼吸をしていないか気をつける

味覚の異常に関係が深いと考えられている栄養素が亜鉛です。日本では多くの人が不足ぎみといわれています。また加工食品や清涼飲料水などに使われる食品添加物の中には亜鉛のはたらきを妨げるものがあります。取りすぎに注意しましょう。また食べ物から得た亜鉛が体内で効果的にはたらくためには、ビタミンや他の無機質（ミネラル）、たんぱく質などの栄養素を毎日バランスよくとることも大切です。

7つの健康習慣

肥満症や高血圧などの生活習慣病は、環境や生まれつきの遺伝的な要素にも関係しますが、食習慣や運動習慣といった生活習慣にも大きく関わっていることが知られています。「7つの健康習慣」は米国のブレスロー教授が生活習慣と身体的健康度との関係を調査した結果から広く知られるようになりました。7つの健康習慣の実践の有無で、その後の寿命に影響することがわかっています。日頃の生活をふり返り、これらの健康習慣が実践できているか、家族で確認してみましょう。そしてもし実践できていない場合には、1つでもできるところから増やしていきましょう。

ブレスローの7つの健康習慣
① 定期的に運動をする
② 睡眠時間をしっかりとる
③ 太りすぎや、やせすぎに注意する
④ 朝食を毎日食べる
⑤ 間食を控える
【以下は大人向け】
⑥ 喫煙をしない
⑦ 飲酒は適量を守るか、しない

作ってみませんか

だぶ

福岡県の郷土料理です。「だぶ」は根菜類をだしで煮込んだ、体も心も温まる料理です。もともと煮しめなどを作ったときの野菜の切れ端を活用した賄い料理だったのですが、今では季節折々の祭りやお祝い事、仏事などに作られています。また地元には、この「だぶ」専用の茶わん「だぶ茶わん」や、飾り麩などもあり、1つの食文化になっています。

材料　1人分

鶏肉	15g
厚揚げ	20g
にんじん	12g
ごぼう	12g
れんこん	12g
こんにゃく	15g
かまぼこ	10g
麩	1g
だし汁(昆布・かつお節)	60g
砂糖	0.5g
しょうゆ	4g
酒	0.3g
みりん	0.3g
かたくり粉	1g

作り方
① 野菜、鶏肉、こんにゃく、厚揚げ、かまぼこは、すべて1cm角のさいの目切りにする。
② かまぼこ以外の①とだし汁を鍋に入れて煮る。
③ 煮えたら、かまぼこと麩を入れ、調味料で味をつけてさらに煮る。
④ 水溶きかたくり粉でとろみをつける。汁物と煮物の中間くらいになるように仕上げる。

3月

中・高等学校向け

3月

1年間の食生活をふり返ろう！

1年間、さまざまなテーマで食と健康についての話題を伝えてきました。これまでの内容を思い出しながら、今年度の食生活はどうだったか、各自でふり返ってみましょう。

（○…できた、×…できなかった を記入する）

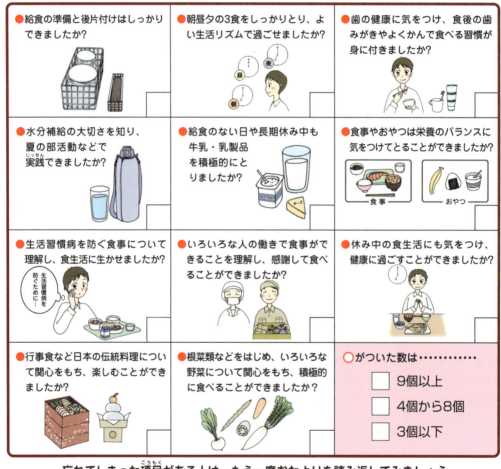

忘れてしまった項目がある人は、もう一度おたよりを読み返してみましょう。

3年生のみなさん、ご卒業おめでとうございます！

卒業後は給食がなくなり、自分自身で食事を選ぶ機会が増えてきます。「何をどう食べたらいいのかな？」と迷ったときは、ぜひ給食を思い出してください。日本人は中学卒業と同時にカルシウムの摂取量が急に減る傾向があるというデータもあります。みなさんは成長期の真っただ中。牛乳や乳製品などカルシウムを多く含んだ食品を、とくに意識してとり続けてほしいと思います。

中・高等学校向け

3月

あなたの食育達成度チェック！

1年間の学校給食、楽しく食べて味わい、体も心も健やかな毎日を過ごせましたか。今年度をふり返り、あなたの"食育達成度"をチェックして今後に生かしましょう。

チェックポイント❶
朝ごはんを毎日しっかり食べられた。

（ ○・△・× ）

チェックポイント❷
好き嫌いなく食べられた。嫌いなものがある人は1つでも克服できた。

（ ○・△・× ）

チェックポイント❸
食べ物の栄養とそのはたらきについて考えながら食べることができた。

（ ○・△・× ）

チェックポイント❹
食べ物を大事にし、感謝して食べることができた。

（ ○・△・× ）

チェックポイント❺
配膳やはしの持ち方など食事のマナーに気をつけて食べることができた。

（ ○・△・× ）

チェックポイント❻
地域に伝わる郷土料理、季節ごとの行事食を知り、味わって食べた。

（ ○・△・× ）

全部達成できましたか？ 食べることは自分自身の健康を作ります。そして食は先人から受け継がれた文化であり、生活の楽しみです。また食べ物は、もとをたどればすべて命をもった生物で、地球が育んでくれたものです。さらに調理はじつは最も身近な科学でもあります。ひと口に「食」とは言いますが、本当にいろいろな切り口があり、学べば学ぶほど深くなります。これまで紹介できたものはその中のほんの少しですが、今日あなたが食べるそのひと口から、食の広い世界が広がっていきますように。

タイトルイラスト

"給食だより"も収録されています

カラーイラスト

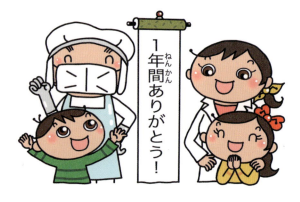

食(た)べ方(かた)、気(き)をつけようね

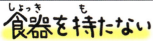
食器(しょっき)を持(も)たない

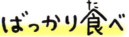
ばっかり食(た)べ

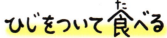
ひじをついて食(た)べる

のり　わかめ　ひじき
海(かい)そう
大(だい)すき！

ひなまつり

啓蟄(けいちつ)

進級(しんきゅう)進学(しんがく)
おめでとう

3月

カラーイラスト（中学・高等学校向け）

丈夫な骨をつくり、体調も整える

のり

わかめ

もずく

ひじき

春です！
つくし
ふきのとう
菜の花

ほろ苦さが春の訪れを体に知らせてくれます。

3月

すくすく育つ君たちに海からの贈り物！

ひなまつり

卒業・進級おめでとう
これからも食べることを大切に！

都道府県（西日本）

25. 滋賀県

26. 京都府

27. 大阪府

28. 兵庫県

29. 奈良県

30. 和歌山県

31. 鳥取県

32. 島根県

33. 岡山県

34. 広島県

35. 山口県

36. 徳島県

都道府県（西日本）

37. 香川県

38. 愛媛県

39. 高知県

40. 福岡県

41. 佐賀県

42. 長崎県

43. 熊本県

44. 大分県

45. 宮崎県

46. 鹿児島県

47. 沖縄県

日本

健学社のおすすめ書籍

もっとたよれる食育だより
イラスト資料集 春夏編

表紙イメージ

B5判　114ページ　オールカラー　CD-ROM付き
定価〔本体2,500円＋税〕　ISBN978-4-7797-0646-2

親しみやすい、かわいい
イラストカットも満載！

「食育だより」は
カラーとモノクロ、さらに
ルビあり・ルビなしにも対応！
中学・高校向けも収録！

秋冬編・春夏編2冊で
オールシーズンの
おたより作成をサポート！

みんなで食べ物エキスパート
食育クイズ名人

カラーユニバーサルを採用し、みんなで楽しめる食育のクイズ本

読み物としてだけではなく、ホームページからPowerPointデータをダウンロードして、授業やおたよりなどにも活用できる！

「サイエンス」「教養・文化」「なぞなぞ」それぞれの視点から、クイズを通して食育の知識を深めることができる

食育のクイズ本 全90問

■ A5判　112ページ　オールカラー
定価〔本体1,500円＋税〕
ISBN978-4-7797-0619-6

中学生用食育教材
「食」の探求と社会への広がり 指導者用

文部科学省

赤本形式の教師用指導書

■ A4判　80ページ
オールカラー
CD-ROM付き
定価〔1,300円＋税〕
ISBN978-4-7797-0593-9
※生徒用もあります（別売）

これで続く、根づく！
食育校内推進体制チェックシート

清久利和 著

カリキュラム・マネジメントの7つの視点から9枚のチェックシートであなたの学校の食育の課題と強みを把握。これで続く、根づく！

■ A4判　オールカラー
58ページ
定価〔1,200円＋税〕
ISBN978-4-7797-0591-5

食に関する指導の手引
−第二次改訂版−

文部科学省

平成31（2019）年3月公表。令和の新時代、新しい学校食育の指針となる基本文書を1冊の本に！栄養教諭・学校栄養職員、学校給食・食育関係者必携！

■ A4判　282ページ
定価〔1,350円＋税〕
ISBN978-4-7797-0496-3

新版 それいけ！
子どものスポーツ栄養学

矢口友理 著

スポーツをする子どもたちのために、その大きな目標に向かうための食生活のあり方を丁寧に説いていきます！待望のCD-ROM付きでバージョンアップ!!

■ A5判　160ページ
定価〔2,200円＋税〕
ISBN978-4-7797-0472-7

スーパー資料ブック
食育西遊記＆水戸黄門

三嶋裕子 監修

壁新聞PDFとパワポ資料、毎月のおたよりを2年分収録。先生や子どもたちが写真で登場できる"なりきり"パワポ資料も好評！

■ B5判　136ページ
定価〔2,800円＋税〕
ISBN978-4-7797-0412-3

林先生に聞く
学校給食のための
食物アレルギー対応

林 典子 著

対話形式で学校給食における食物アレルギー対応の注意点や保護者への関わり方の基本がよく分かる。

■ A5判　208ページ
定価〔1,600円＋税〕
ISBN978-4-7797-0455-0

【原案・監修　食育だより（2013,2015年度）】
横川一美（埼玉県栄養教諭）

【イラスト】
公文祐子　あらいみなこ　寺田久仁子　かけひさとこ

【デザイン】
株式会社ニホンバレ

もっとたよれる
食育だよりイラスト資料集 秋冬編

2024年10月6日　初版第1刷発行

編　者　月刊『食育フォーラム』編集部
発行者　細井裕美
発行所　株式会社 健学社
　　　　〒102-0071 千代田区富士見1-5-8 大新京ビル
　　　　TEL (03) 3222-0557　FAX (03) 3262-2615
　　　　URL:https://www.kengaku.com

※落丁本、乱丁本は小社にてお取り替えいたします。
※本書を無断複製し、譲渡及び配信することは、著作権法の例外を除き禁止されております。
　ご利用に際しましては禁止事項・免責などを弊社ホームページにてご一読の上ご利用ください。
※本書は、月刊『食育フォーラム』(健学社刊)に掲載された「食育だより」(2013,2015,2019年度)、
　「BE HEALTHY」(2016,2017年度)、カラーイラスト（2013～16年度）をもとに再編集し、
　まとめたものです。

2024 Printed in Japan
©Kengakusha 2024
ISBN:978-4-7797-0645-5　C3037